철학자들의 신
역사적 개관

KB055606

# 철학자들의 신
## God And Philosophy

에티엔 질송

철학자들의 신
: 역사적 개관

2023년 8월 1일 초판 1쇄 발행

지은이 에티엔 질송
옮긴이 김진혁
펴낸이 김지호

도서출판 100
전 화 070-4078-6078
팩 스 050-4373-1873
소재지 경기도 파주시 아동동
이메일 100@100book.co.kr
홈페이지 www.100book.co.kr
등록번호 제2016-000140호

ISBN 979-11-89092-41-2 03110

• 이 책은 『哲學과 神』(대조사, 성바오로출판사)이라는 제목으로 출간된 바 있습니다.
• 이 책의 번역은 횃불트리니티신학대학원대학교의 2023년 교내연구비를 지원받아
  수행하였습니다.

# 차례

- 성서 구절은 공동번역을 인용하였으나 명사 표기는 공동번역을 따르지 않았습니다 (예컨대 '하느님'은 '신'으로 표기했습니다). 다른 번역본을 인용한 경우 역본명을 병기하였습니다.

- 저자가 대문자로 표기하여 강조한 부분은 필요에 따라 고딕체로(예: Good → **선**), 이탤릭으로 표기하여 강조한 부분은 굵은 글씨로 표기하였습니다.

- 주요 용어는 『성 토마스 개념사전』(한국성토마스연구소 역간, 2020)을 따라 표기했습니다(예: existence → 실존).

# 야로슬라프 펠리칸의 서문

에티엔 질송Étienne Gilson, 1884-1978은 약간 구식으로 보일지는 몰라도 엄청난 권위를 지닌 학자입니다. 일반인이 많이 쓰는 "요즘에는 예전처럼 물건을 만들지 않아"라는 말처럼 그는 오늘날 찾아볼 수 없는 유형의 학자입니다. 그는 매우 정교하게 책을 읽어 내고, 텍스트의 철학적 해석에 능한 사람이었습니다. 특별히 그는 라틴 텍스트에 강점을 보였습니다. 예를 들면, 그는 철학 단행본이 아니라 사전 항목을 집필한다고 착각을 일으킬 정도로 수많은 각주를 달면서 아우구스티누스에게서 죄책reatus이나 기억memoria 같은 단어의 용례를 분석할 수 있었습니다. 이런 작업과는 달리, 그는 히포의 아우구스티누스로부터 니콜라우스 쿠자누스에 이르기까지 천

년 중세 사상의 역사를 잘 직조된 꽉 찬 내러티브로 제시하기도 했습니다. 실제 그는 여러 번 이러한 능력을 보여 주었습니다. 대표작으로 1955년에 쓴 『중세철학사』*History of Christian Philosophy in the Middle Ages*를 들 수 있습니다. 그는 승리주의 혹은 휘그당Whig식 해석은 대부분 피하였고, 자기가 중세 천 년의 황금기였던 토마스 아퀴나스의 13세기를 좋아한다는 암시는 놀랄 정도로 적게 남겼습니다. 그는 자신이 공평한 정신을 가졌음을 다른 맥락에서 증명하려는 듯, 1924년에는 토마스 아퀴나스의 우호적인 반대자이자 그와 같은 해에 세상을 떠났던 프란시스코회 신학자 보나벤투라의 사상에 관한 단행본을 출판했습니다. 그가 독일의 전쟁 포로로 있었던 당시 집필하기 시작한 이 책은 놀랄 만큼 폭넓고 균형 잡힌 작품입니다. 심지어 1952년에는 중세에 토마스 아퀴나스의 가장 신랄한 비판가였던 존 둔스 스코투스에 대한 700여 쪽에 달하는 연구서를 출간하였습니다(이 책의 101쪽 각주 17은 그 내용을 미리 보여 줍니다). 1938년에는 엘로이즈와 아벨라르의 비극적 사랑에 대해서 감미로우면서도 매우 감동적인 이야기를 들려주면서도, 그 사랑의 철학적인 (그리고 그 밖의) 결과들에 관해 설명했습니다.

질송이 이같이 진중한 학문적 장르의 글만 쓴 것은 아닙니다. 그는 유럽과 캐나다, 미국 등에 있는 대학의 유명 강연에 자주 초청받느라 학술서 집필을 몇 번 멈추기도 했습니다. 거기서 그는 중요한 주제와 문제들에 관해 조직적으로 성찰했고 이를 요약된 형태로 제시했습니다. 이러한 장르 중 제가 가장 좋아하는 책은 질송이 1936-37년 하버드 대학교의 윌리엄 제임스 강연William James Lectures에서 했던 『철학적 경험의 통일성』The Unity of Philosophical Experience이었습니다. 엄청난 영향력을 미친 윌리엄 제임스의 기포드 강연Gifford Lectures인 『종교적 경험의 다양성』Varieties of Religoius Experience에 대한 응답으로 기획된 것이 분명한 이 책은, 질송의 친구였던 시카고 대학교의 리처드 P. 맥케온 Richard P. McKeon이 저에게 소개해 주었고 바로 제 관심을 사로잡았습니다. 그때 저는 대학원생이었고 1940년대 중반이었습니다. 『철학자들의 신』God and Philosophy도 이런 방식으로 철학한 것입니다. 이 책은 질송이 1939-40년 인디애나 대학교에서 했던 맬론 파월 철학 강연Mahlon Powell Lectures on Philosophy의 결과물입니다. 연대기별로 구성된 4개의 장을 통해 그는 신에 관한 철학적 가르침이 발전하는 모습을 보도록 독자들을 인도합니다. 이 과정에 그리스도교 계시와 그리스도교 신앙을 위한 작업도 동반됩니다. 그는 신의 실존existence에 관한 물음은 주로 이성의 기능에 의해서가 아니라 신의 주도성과 조명에 의해 결정된다고 줄곧 경고합니다. 왜냐하면 "그리스도교는 그 자체로 고려할 때 하나의 철학이 아니었기" 때문입니다. 우리는 베르너 예거<sup>Werner Jaeger</sup>가 했던 다음과 같은 말을 기억할 필요가 있습니다. "그리스 정신이 종교적으로 최고로 발전했던 곳은 신들을 위한 제의가 아니라 … 우주에 관한 체계적 이론들을 구성할 수 있었던, 그리스의 선물에 도움을 받은 철학에서입니다." 질송이 이 말을 인용한 것은 아니지만 분명 공감했을 겁니다. 따라서 독자들은 『철학자들의 신』의 네 장을 꼼꼼히 읽어 갈 때 「신과 그리스 철학」에 관한 첫 장에 특별한 관심을 기울이는 것이 좋습니다. 왜냐하면, 바로 여기에서 근대 철학과 현대 사상에 대한 비판을 포함하여 이후 장에 따라올 내용 대부분의 기초가 놓이기 때문입니다. 질송이 역사를 훑어가는 방식은 숨이 막히고, 짤막한 농담은 흥미로우며, 지적 스타일과 문학적 스타일 모두가 매혹적입니다.

질송은 이 책에서도 볼 수 있듯이 무엇보다도 서양 철학사 전체와 계속해서 대화하는 철학적 담론을 펼쳐 나감으로써 (그의 철학자 동료 상당수, 특히 영어권 동료들이 마치 대학원 훈련의 일환으로 전두엽 절제술을 받은 것처럼 보였던 시기에 대조적으로) 아리스토텔레스와 G. W. F. 헤겔의 모델을 따랐던 철학자였습니다. 사무엘 테일러 콜러리지<sup>Samuel Taylor Coleridge</sup>는 "불신의 중지"라는 널리 사랑받는 말을 남겼는데, 이는 시적 신앙의 본질이자 관념의 역사에 대한 방법론적 기술<sup>技術</sup>을 담아냅니다. 제가 알기로 질송은 콜러리지의 유명한 표현을 인용하지 않고도 상상력과 지성을 강력하게 결합하여 자신이 근본적으로 동의하지 않는 사상가들의 사유 세계와 철학적 전제들에도 빠져들 수 있었습니다. 그는 한 체계를 구성하는 이러저러한 개별 논지보다 체계 전체를 인지할 수 있었습니다. 프레드릭 레페브르Frédéric Lefevre와의 인터뷰에서 말했듯이, 그는 "언제나 데카르트, 혹은 성 토마스, 성 보나벤투라의 실제 철학은 논지들의 체계인데, 각각의 논지를 따로 떼어 내서 독립적으로 발전시키면 가르침의 균형이 무너지게 되는 체계"라고 확신했습니다. 여기서 이해 능력이 더욱 첨예한 문제가 됩니다. 질송은 마이모니데스와 다른 유대 철학자들, 그리고 무엇보다도 아베로에스와 다른 아랍 철학자들을 그들의 언어와 용어로 읽는 법을 배우기 전까지는 중세철학과 과학의 역사가 충분히 기술되지 못하리라는 것을 알았습니다. 하지만 그도 그러한 과업을 수행할 언어를 완전히 갖추지는 못했습니다. 아, 저 역시도 이를 갖추지 못했습니다. 그리고 사람들은 피상적으로 19세기와 20세기를 다루며 "신을 살육한 자들"(칼 마르크스, 찰스 다윈, 지그문트 프로이트, 그리고 당연히 프리드리히 니체)을 통상 나열할 것으로 예상할 수도 있겠습니다만, 『철학자들의 신』에서는 역사를 진지하게 고려하여 특히 칸트 및 그의 비평들과 씨

름해야 한다고 봅니다. 질송이 말했듯, "신의 문제에 관한 오늘날의 입장은 임마누엘 칸트와 오귀스트 콩트의 사상이 전체적으로 지배"하기 때문입니다. 만약 칸트가 옳다면 이 책의 장들에서 질송이 하고자 하는 바의 상당 부분이 무의미하게 수행한 일입니다.

에티엔 질송은 철학적인 점들을 언급할 때 그것들의 역사적 표현과 연결하곤 합니다. 이러한 습관이 두드러진 『철학자들의 신』의 서론은 여러 저술 중에서도 그의 지성적 자서전으로 주목할 만한 가장 대표적인 글입니다(종종 동료들과 학생들의 강한 요구에도 불구하고 그는 상세한 자서전 혹은 수상록을 결코 쓰지 않았습니다). 질송의 전기 작가였던 로렌스 K. 슈크Lawrence K. Shook 신부는 질송이 앙리 베르그송에 대한 애착을 평생 가졌다고 했는데, 이 책 서론에서 우리는 그가 "애착"이라 불렀던 것의 기원을 보게 됩니다. 베르그송은 질송의 스승이었고 계속해서 스승이었습니다. 생전에 질송은 오랫동안 베르그송의 삶의 약동*elan vital* 개념이 지닌 주요 함의들로부터 자신과 자기 독자들이 거리를 두게 하려 했습니다. 하지만, 그는 매우 진실한 감정을 가지고 베르그송에 대해 다음과 같이 말했습니다. "제게 지성적 변환이 꽤 오랫동안 일어났지만, 천재였던 그의 강의들은 기억 속에 여전히 남아 있습니다. … [그는] 제가 지금껏 철학에서 본 유일한 살아있는 대가입니다." 19세기 후반과 20세기 초반 프랑스는 정치적 삶과 지성적 삶이 후기혁명적postrevolutionary이면서도, 여전히 영성적으로는 로마 가톨릭적이었습니다. 이러한 상황 속에서 어떻게 철학사 교육이 극도로 태평하게 (질송이 말했듯) 토마스 아퀴나스에 대해 전혀 언급 없이 고대로부터 근대로 넘어갈 수 있었는지 상기해야만 합니다. 질송 이후로는 어떤 철학사 교수도 이를 이전처럼 교묘하게 넘어가기가 아마 불가능해졌을 겁니다!

이 책의 제목이 시사하듯, 질송의 성향이 동시대 철학자 상당수(그는 버트런드 러셀보다 12년 뒤에 태어났습니다)와 거리가 있게 된 데는 또 다른 그리고 더 근본적인 이유가 있었습니다. 1964년에 존 커트니 머레이John Coutrney Murray S.J.가 예일대학교 출판사에서 『신의 문제: 어제와 오늘』*The Problem of God: Yesterday and Today*을 출간했습니다. 어울리지 않게 수수한 그 책의 제목이기도 한 '신의 문제'에 질송은 오래전부터 심취해 있었습니다. 저는 질송이 불필요할 정도로 겸허한 표현을 다양하게 써가면서, 자신은 '단지' 철학자이지 신학자는 아니라고 말하는 것을 여러 번 들었습니다. 그의 감미로운 책 『단테와 철학』*Dante et la philosophie, 1939*은 단테 알리기에리를 '신학자', 특히 토마스주의 신학자로 만들려 했던 여러 신토마스주의자들의 안일한 노력에 대한 비판이었습니다. 그는 『철학자들의 신』에서도 이렇게 주장했습니다. "일부 학자들이 신이 있는 텍스트에서 신을 제거한다는 사실로부터 우리가 신이 없는 텍스트에 신을 집어넣는 것이 승인되지는 않습니다." 하지만 저도 유용하게 여러 번 인용했던 질송의 말에 잘 드러나듯, 그는 "지난 수백 년 동안 중세 사상가들 사이에 중세를 신학자가 아니라 철학자로 가득한 시대로 상상했던 일반적 경향이 있었습니다"라며 강하게 불평했습니다. 철학자이자 철학사가로서 그는 이러한 상황을 수정하는 데 전념했습니다. 그리고 질송은 안톤 C. 페기스Anton C. Pegis에게 "나의 사랑하는 토니"mon cher Tony라고 편지를 쓰면서, 중세철학의 기술적인 자율성을 오랫동안 강조했으니 이제는 토마스 아퀴나스 사상에서 신학의 역할을 재강조하는 것이 필요하다고 말했습니다. 페기스는 질송의 절친한 친구로, 두 권으로 된『토마스 아퀴나스 중요 저작선』The Basic Writings of Thomas Aquinas과 모던 라이브러리Modern Library의 토마스 아퀴나스 축약판과『질송 리더』Gilson Reader, 1957 등을 편집했습니다.

　이제 질송과 관련하여 개인적인 말을 하고자 합니다. 여기서 사적인 소감을 남기는 것이 부적절하다기보다는 글을 끝맺기에 적합하리라 믿습니다. 저는 학생으로서 질송 교수의 강의실에 앉아 있었던 적은 없습니다. 하지만 당시 저는 젊은 동료로서 질송과 같은 콘퍼런스 강단에 섰고, 학회에서 공동으로 여러 책을 펴내기도 했습니다. 그래서 아마 저는 그의 학생이라기보다는, 졸졸 따라다니는 팬이라고 할 수 있을 것 같습니다. 제가 묘사했듯 그는 일차 자료에 대해 세심하게 관찰한 내용을 여러 지성적 라이트모티브와 주제와 결합해 탐구했고, 그것을 또렷이 표현하고자 다양한 문학적 형식을 사용했습니다. 이러한 방식은 독특한 학문적인 패턴을 창조했습니다. 저도 이러한 패턴을 제 작품에서 따라 하려고 했습니다. 아마 때때로 무의식적으로는 훨씬 더 모방했을지도 모릅니다. 이러한 이유로 질송의 좋은 친구이자 제 친구이기도 했던 슈크 신부가 1984년에 질송의 전기를 출판하면서, 제게 원고 초안과 수정안을 보여 주어 자세하면서도 비판적으로 논평할 수 있는 영예를 주기도 했습니다. 마찬가지로 마가렛 맥그라스Margaret McGrath도 그의 『에티엔 질송: 전기』*Étienne Gilson: A Biography*에, "야로슬라프 펠리칸, 비교할 자 없는 질송주의자에게"라고 써서 저에게 선물해 주었습니다. 이후 저는 에티엔 질송의 뒤를 따라 국내외 여러 저명한 강연에 초청받는 특권을 누렸습니다. 질송에 대한 저의 모방은 1992-93 애버딘 대학교에서 열린 저의 기포드 강연 『그리스도교와 고전 문화』*Christianity and Classical Culture*에서 가장 분명해졌습니다. 1931년에 질송은 거기서 『중세철학의 정신』*The Spirit of Medieval Philosophy*이라는 제목으로 기포드 강연을 했습니다. 제가 도입 강연에서 말했듯, 저는 '자연신학'(질송과 마찬가지로 저도 싫어하는 용어)의 역사를 연구하려고 했습니다. 질송이 중세 라틴 서방 그리스도교 사상에서 자연신학의 역사를 다룬 것과 유사하게, 저는 초기 비잔틴 동방 그리스도교 사상에서 그 역사를 다뤘습니다. 1987년 국립미술관에서 열린 앤드류 W. 멜론 강연Andrew W. Mellon Lectures에서 제가 『하느님의 형상: 비잔틴의 이콘 옹호』Imago Dei: The Byzantine Apologia for Icons를 강의했을 때는 질송의 메아리가 잘 들리지 않았겠지만 사도 계승을 한다는 의식은 매우 깊어졌습니다. 1955년에 질송도 멜론 강연에서 『회화와 실재』Painting and Reality라는 제목으로 강연을 했기 때문입니다. 1984년에는 버지니아 대학교가 제게 리처드 강연을 해 달라고 요청했습니다. 이는 버지니아에서 질송의 리처드 강연을 뒤따를 뿐만 아니라, 제 강연 『연속성의 신비: 성 아우구스티누스의 사상에서 시간과 역사, 그리고 기억과 영원』The Mystery of Continuity: Time and History, Memory and Eternity in the Thought of St. Augustine을 질송에게 헌정할 값진 기회였습니다―"1937년 리처드 강연자 에티엔 질송(1884-1978)의 탄생 100주년을 기념하며." 그리고 캐나다에 있는 제 동료들에게 들었던 바에 의하면, 저는 질송이 사랑했던 토론토의 교황청립 중세연구소Pontifical Institute of Mediaeval Studies에서 개최한 에티엔 질송 기념 강연Étienne Gilson Memorial Lecture에서 두 번이나 발표한 첫 학자였습니다. 첫 강연은 1985년에 『중세신학의 정신』*The Spirit of Medie-val Theology*이라는 질송스러운 제목으로, 두 번째 강연은 1998년에 다시 한 번 그의 작품 『교리적 역사와 그 해석』*Doctrinal History and Its Interpretation* 이란 제목에 착안해서 하였습니다.

이 서문을 통해 에티엔 질송이 반세기 넘게 제게 의미했던 바에 대한 개인적이고 학문적인 감사를 표현할 만한 기념 화환이 만들어졌기를 바랍니다. 그리고 다음 세대의 구도자와 학생들에게, 모든 형이상학적이고 실존적인 물음에서 가장 중요한(적어도 오늘날에는 가장 자주 무시되곤 하는) 문제를 다루는 심히 진정성 있지만 아쉽게도 약간 작은 이 책에 대한 저의 권유가 가닿았기를 바랍니다.

야로슬라프 펠리칸

# 서론

이 책에 실린 네 개의 강의는 모든 형이상학의 문제의 최고
점 the highest에 대해서 한 측면을 다룹니다만, 전문적으로 확립
되었다기보다는 자연스럽게 받아들여진 매우 제한된 수의
역사적 사실에 기반하여 다룹니다. 여기서 다룰 문제는 바
로 신에 관한 형이상학적 문제입니다. 이 문제의 특정한 측
면을 자세히 살펴보고자 우리의 신 관념과 신 실존 증명의
관계에 특별히 집중하였습니다. 이 철학적 물음에 접근하는
방식은 제가 이미 『철학적 경험의 통일성』*The Unity of Philosophical*
*Experience*, Scribner, New York, 1987과 『중세 시대의 이성과 계시』*Reason*
*and Revelation in the Middle Age*, Scribner, New York, 1988에서 제시한 것과 같
습니다. 즉, 지난날 철학들의 역사에서 철학적 문제를 올바

르게 정립하기 위한 핵심 자료를 추출하여, 그 자료를 가지고 올바른 해결책을 결정하는 방식입니다.

　이것이 철학적 진리에 다가갈 수 있는 유일한 방법은 결코 아닙니다. 이러한 접근법이 새로운 것도 아닙니다. 이러한 방식의 탁월한 모델은 이를테면 플라톤의 『테아이테토스』와 『필레보스』, 『파르메니데스』 같은 몇몇 대화편에서 볼 수 있습니다. 아리스토텔레스는 『형이상학』 1권에서 이 방법을 분명하게 거듭 사용했고, 성공적으로 활용했습니다. 매우 당연한 말이지만, 이 방법 자체에 내재된 위험도 있습니다. 무엇보다도 이 방식은 철학적 정설dogmas이 철학적 의견opinions으로 변질되는 변증법 놀이로 전락할 수 있습니다. 즉, 모든 의견이 각자의 관점에서는 참으로 보이지만, 다른 관점에서는 거짓으로 얼마든지 보일 수 있습니다. 이 같은 타락의 형태는 아카데메이아의 철학적 방법에서 나타났고, 신아카데메이아에서 최고조에 이릅니다. 또한 똑같은 접근법이 구체적이고 개별적이며 따라서 환원할 수 없는 수많은 사실로 간주되는 가지각색 철학들의 역사로 전락할 수도 있습니다. 철학들의 역사는 그 자체로 완전히 있어 마땅한, 심지어 꼭 필요하기도 한 역사적 학문의 한 분야입니다. 하지만 철학들의 역사일지라도 그 본질은 역사이기에 역사적 결론들 외에 다른 것을 가리키지는 못합니다. 플라톤과 아리스토텔레스, 데카르트, 칸트는 여러 가지 철학적 물음들에 대하여 이렇게도 저렇게도 생각해 봤습니다. 그러한 사실들을 올바르게 식별하고 가능한 모든 수단을 동원해 이를 이해할 수 있게 하면, 철학들의 역사는 그 소임을 다한 것입니다. 그리고 이러한 과업이 끝나는 지점에서 철학이 철학 고유의 일을 시작할 수 있게 됩니다. 여러 철학적 문제에 대해 플라톤과 아리스토텔레스, 데카르트, 칸트가 답변했다면, 철학 고유의 일은 이러한 문제들 자체에 필수적인 자료를 가지고, 이들이 제시한 답변을 판단합니다. 철학에 대한 역사적 접근은 철학들의 역사를 철학의 시녀로 사용합니다.

다른 모든 일과 마찬가지로 이러한 접근은 잘 될 수도 그렇지 않을 수도 있습니다. 이러한 접근 방식 중 최악은 몇몇 교조적 철학 dogmatic philosophy 교재가 취하는 방식일 겁니다. 이러한 책에서는 참이라고 상정한 특정 학설이 다른 모든 것의 참·거짓을 자동으로 결정하는 기준으로 사용됩니다. 이러한 방법이 정당하게 적용되는 앎의 질서는 단 하나뿐입니다. 그것은 바로 계시신학 revealed theology 입니다. 믿음으로 우리가 신이 말씀하셨다고 믿는다면, 신이 말씀하신 것은 참이기에 신의 말씀과 상충하는 모든 것을 거짓으로 배제할 수 있고 또 배제해야만 합니다. 성 토마스 아퀴나스의 잘 알려진 공식인 "이제 이것으로 오류는 제거된다"*Per boc autem excluditur* *error*는 이러한 신학적 태도를 완벽하게 표현합니다. 그러나 이 공식이 신학에서 철학으로 넘어오려면 먼저 몇몇 조건을 충족해야 합니다. 신의 말씀은 반대되는 오류를 모두 배제합니다. 신의 말씀은 신의 말씀이라는 이유로 참이기 때문입니다. 반면 철학자의 말은 반대되는 진술을 잘못이라고 배제할 수 없습니다. 어떤 철학자의 말도 단지 그가 한 말이라는 이유로 참일 수는 없기 때문입니다. 만약 철학자가 말한 바가 참이라면, 그가 말한 바가 참이게끔 하는 것이 그의 말에 반대되는 모든 오류를 배제합니다. 즉, 그가 문제를 올바르게 상정하고 그 문제 해결에 필요한 모든 자료를 정당하게 다루는 데 성공해야 반대 의견이 배제됩니다. 만일 이후 이 책에서 묘사되는 토마스 아퀴나스가 일부 추상적인 형이상학적 드라마에 등장하는 기계장치로서의 신*deus ex machina*처럼 보인다면, 제가 토마스주의자로서 다른 모든 철학을 토마스주의의 잣대로 평가한다는 반론이 곧바로 나올 겁니다. 만약 제가 이런 짓을 한다면—그런데 얼마든지 일어날 수 있는 일입니다—제가 볼 때 철학의 본질에 반하는 용서받지 못할 죄를 저지른 것입니다. 독자들께서는 이 점을 확실히 알아주시기를 바랍니다. 그러나 제가 그러한 범죄를 저질렀다고 정죄하는 이가 있다면, 그전에 제가 실제로 그런 죄를 범했다는 것부터 분명하게 보여 주어야 합니다.

저는 프랑스의 가톨릭 대학교에서 교육받았습니다. 그곳을 떠날 때까지 학생으로 7년 동안 있으면서, 제 기억으로는 성 토마스 아퀴나스의 이름을 한 번도 듣지 못했습니다. 저는 철학을 공부하고자 공립 대학교로 갔는데, 거기 철학 교수는 빅토르 쿠쟁Victor Cousin의 말년 제자였습니다. 그는 분명 토마스 아퀴나스의 글을 한 줄도 읽어 보지 않았음이 틀림없습니다. 소르본 대학교에서 제 교수님 중 아무도 토마스 아퀴나스의 가르침에 대해 아는 것이 없었습니다. 당시 제가 토마스 아퀴나스의 가르침에 대해 무언가 배운 것이 있다면, 아퀴나스에 대해 읽을 정도로 멍청한 사람은 데카르트 이래로 정신적인 고대 유물 조각이 된 스콜라철학의 표현 하나쯤 발견하리라는 것뿐이었습니다. 하지만, 제게 철학은 데카르트도 칸트도 아니었습니다. 철학은 제게 베르그송이었습니다. 제게 지성적 변환이 꽤 오랫동안 일어났지만, 천재였던 그의 강의들이 기억 속에 여전히 남아 있습니다. 앙리 베르그송은 제가 지금껏 철학에서 본 유일한 살아 있는 대가입니다. 베르그송 덕분에 저는 철학의 천재를 책이 아닌 다른 곳에서 다른 식으로 만났습니다. 저는 이것을 철학도로서 제 삶에 신께서 베푸신 가장 큰 축복 중 하나라고 생각합니다. 베르그송은 초기의 철학적 작업부터 줄곧 유대-그리스도교 전통의 신을 향해 나아갔지만, 당시에는 자신이 그것을 알아차리지 못했다고 말합니다. 어쨌든 베르그송은 누군가를 성 토마스 아퀴나스의 철학적 방법으로 인도한 적이 없습니다.

성 토마스에 관해 제게 처음 알려 준 사람은 한 유대인이 었습니다. 그는 토마스의 작품 중 어떤 것도 펴 보이지 않았 고, 그럴 의도조차 없었습니다. 그는 장점이 많은 사람이었 지만, 무엇보다도 기괴할 정도로 지성적이었습니다. 그는 사 실들을 있는 그대로 공정하고 냉정하며 객관적으로 볼 수 있는 놀라운 재능을 가졌습니다. 저는 당시 그가 소르본에 서 했던 흄에 관한 강의에 참석했습니다. 그때 저는 어떤 철 학이든 이해하려면 언제나 뤼시앙 레비-브륄Lucien Levy-Bruhl이 흄의 철학에 접근한 방식으로 철학을 대해야 함을 깨달았습 니다. 2년 후 저는 논문 주제 때문에 그를 만나러 갔습니다. 그는 제게 데카르트가 스콜라철학에서 빌려온 용어를 연구 하고, 궁극적으로는 데카르트가 스콜라철학에서 가져온 핵 심 문제를 공부하라고 조언했습니다. 덕분에 제가 『데카르 트에게서 자유와 신학』La Liberté Chez Descartes Et la Théologie이라는 제 목으로 쓴 책이 나오게 되었습니다. 이 책은 역사적으로 말 하자면 이제 시대에 뒤떨어졌지만, 저는 9년 동안 책을 준비 하며 두 가지를 배웠습니다. 첫째, 성 토마스 아퀴나스를 읽 어야 한다는 것, 둘째, 데카르트는 철학의 문제를 풀고자 자 신의 유명한 방법을 가지고 헛되이 노력했다는 것입니다.

그가 풀고자 했던 철학의 문제에 대한 올바른 자세와 해결법은 성 토마스 아퀴나스의 방법과 떼려야 뗄 수 없는 것이었습니다. 달리 말하면 저는 데카르트의 형이상학적 결론이 이해될 수 있는 유일한 맥락은 성 토마스 아퀴나스의 형이상학이라는 점을 발견했습니다(이제는 오래된 작품이라고 할 수 있는 그 책 마지막 몇 쪽에 당시 저의 놀라움이 소박하게 표현되어 있습니다).

이것이 제게 충격으로 다가왔다고 말하는 것은, 역사를 인내하며 관찰하여 얻은 그저 객관적 결론일 뿐인 것을 부당하게 극화하는 것일지도 모릅니다. 그러나 학문적으로 이야기하자면, 데카르트의 형이상학은 대체로 스콜라철학의 형이상학을 서툴게 만지작거린 것이 확실해 보였습니다. 그래서 저는 형이상학을 제대로 아는 사람들, 즉 바로 그 스콜라철학자들로부터 배워야겠다고 생각했습니다. 제 철학 스승들은 이들의 글을 전혀 읽지도 않았기에 더 자유롭게 이들을 경멸할 수 있었습니다. 하지만 이들의 연구는 저를 완전히 설득했습니다. 철학을 한다는 것은 이들이 이미 말했던 것을 반복함으로써 이뤄지는 것이 결코 아니나, 우선 이들이 알았던 것부터 배우지 않고서는 어떠한 철학적인 진보도 없음을 이들의 연구가 알려 주었습니다. 오늘날 철학의 혼란스러운 상태, 그리고 이를 뒤따르는 도덕적·사회적·정치적·교육적 혼란은 현대 사상가 사이에 철학적 통찰이 부족해서 발생한 것이 아닙니다. 현시대의 철학적 혼란은 우리가 몇몇 근본적인 원리들에 대한 지식을 놓쳐서 길을 잃었다는 사실에 기인합니다. 이러한 근본적 원리들은 참인 까닭에 오늘날뿐만 아니라 플라톤 시대에도 그 이름에 걸맞은 철학적 지식의 유일한 기반인데, 우리가 이 원리들을 상실했기 때문입니다. 만약 어떤 사람이 단지 사유 방법을 배우다 자신의 소중한 철학적 개성이 거세당할까 봐 두려워한다면, 지적 불임의 공포를 누그러뜨릴 안정제로 자크 마리탱Jacques Maritain의 책을 읽게 하십시오. 근대 철학의 가장 큰 저주는 지적 자기 훈련에 대한 반항이 거의 모든 곳에 퍼져 있다는 점입니다. 사고가 느슨한 곳에서는 진리를 파악하는 것이 불가능하며, 거기서부터 진리가 없다는 결론이 당연하다는 듯이 뒤따릅니다.

앞으로 진행될 강의는 진리가 발견될 수 있으며 심지어 형이상학에서도 진리가 발견될 수 있다는 정반대의 가정에 기초합니다. 이 강의는 신에 관한 철학적 문제의 역사 같은 것은 다루지 않습니다. 중요한 학설들은 아주 살짝 윤곽만 드러날 뿐이고, 다른 수많은 학설은 전혀 언급되지 않습니다. 신의 존재에 대한 충분한 증명을 시도하지도 않습니다. 오히려 강의의 목적과 범위는 특정한 형이상학적 문제를 분명하고 정확하게 밝히는 데 있습니다. 이 강의를 접하고 독자 중 일부는 신의 존재가 입증될 수 없다고 말할 때 최소한 자기가 무슨 말을 하고 있는지 이해하게 되기를 기대합니다. 그렇게 말하는 것이 어떤 것인지 깨닫지 않고서는 누구도 그것이 왜 불가능한지 진정으로 알지 못합니다. 이 문제의 형이상학적 함의 전체를 제게 분명히 인식시킨 철학자는 성 토마스 아퀴나스뿐입니다. 저는 다른 사람과 마찬가지로 제 자신의 지적 자유를 사랑합니다만, 저는 누군가가 옳은 말을 한다고 생각될 때 그에게 동의할 수 있을 정도로 자유롭기를 원합니다. 성 토마스 아퀴나스는 '토마스주의적 진리' 같은 것을 생각한 적이 없습니다. 이러한 표현 자체가 말이 안 됩니다. 신에 관한 문제에는 여러 답변이 있는데, 각 답변은 신 문제에 요구되는 모든 것을 공정하게 다루기에 상대적으로 적절한지로 평가됩니다. 이러한 관점에서 저는 신 문제의 유일한 해결책의 형이상학적 필연성에 처음으로 자유롭게 고개 숙일 수 있었던 사람이 최고의 답을 주었다는 결론에 이르렀습니다. 그는 신에 관한 문제가 지닌 가장 심오한 함의를 처음으로 포착한 사람이었기에 처음으로 고개 숙일 수 있었습니다. 이것을 할 수 있는 사람이라면 오늘날에도 토마스 아퀴나스와 같이 자유롭게 똑같은 일을 할 수 있습니다. 그렇게 못하거나 하지 않으려는 사람에게는, 참된 문제에 대한 유일하게 적절한 해결책을 거절하는 만족이라도 얻게 합시다. 유일하게 적절한 해결책은 페일리의 최고 목수나 볼테르의 최고 시계 제작공이 아니라, 스스로 실존하는 자 self-existence 의 무한한 행위입니다. 스스로 실존하는 자로 말미암아 다른 모든 것이 존재하며, 그와 비교하면 다른 모든 것은 존재하지 않는 듯 존재할 뿐입니다.

　1939-40년에 맬론 파월 파운데이션 Mahlon Powell Foundation 철학 방문 교수로 저를 임명해 준 인디애나 대학교 이사회에 감사드립니다. 외국인을 전적으로 신뢰하는 분위기가 드물던 시대임에도, 저를 친절히 환영한 인디애나 대학교 철학과 사람들에게도 제가 얼마나 감사한지를 표현해야 할 것 같습니다. 특별히 W. 해리 젤르마 Harry Jellema 에게 고마움을 표합니다. 그가 쓴 초청 편지는 제가 하려던 과제를 아주 명확히 보여 주고 정의했습니다. 그래서 그의 편지 중 문장 하나를 인용하고자 합니다. 이건 제 강의 내용을 정당화하기 위함이 아니라, 강의 전체의 의도를 명확히 하는 데 최선이라고 생각하기 때문입니다. "오늘날 많은 철학자에게 철학은 그것이 원래 의미해야 했던 바를 더는 의미하지 않습니다. 우리의 동시대인 대다수는 그리스도교가 과학이 반증하지 않은 것에 관해서는 말할 것이 없다고 보거나 그리스인이 말하지 않은 바에 관해 지성적으로 존경받을 만한 것이 없다고 여깁니다." 저의 의도는 신에 관한 구체적 문제에 있어

서 그리스인들이 결코 말한 적 없던 것들을 그리스인들 덕분에 그리스도교 철학자들이 말해 왔다는 것을 보여 주는 것입니다. 이러한 것들은 근대 철학에서 핵심적인 부분이 될 정도로 지성적으로 존경받을 만합니다. 과학이 이것들을 증명하리라고 기대하는 사람은 없겠지만, 우리는 일부 과학자가 형이상학의 근본 문제를 이해하지 못한 것을 과학의 반증으로 잘못 생각해서는 안 됩니다.

이 강의들은 인디애나 대학교에서 제가 읽었던 강의록과 토론토 교황청립 중세연구소 Pontifical Institute of Mediaeval Studies에서 제가 집필한 것을 그대로 출판한 것입니다. 잠정적으로 마무리된 생각들을 여러 친구를 통해 시험하고 친구들은 그 한 사람을 인내하며 고통을 감수하는 이러한 특별한 장소에 산다는 것은 흔하지 않은 복입니다. 교황청립 중세연구소의 소장인 G. B. 필란 Phelan 신부는 저의 철학적 모험 내내 언제나 도움을 주었습니다. 저명한 친구인 자크 마리탱 교수의 이름도 이 기회에 언급해야겠습니다. 이 두 사람의 지지와 제안과 수정이 있었기에, 이 작은 책이 그나마 조금이라도 더 가치 있게 되었다고 저는 확신합니다.

에티엔 질송

교황청립 중세연구소

# I

# 신과 그리스 철학

서구 문화에서는 역사의 모든 장이 그리스인들과 함께 시작합니다. 이 말은 논리학과 과학, 예술, 정치학뿐만 아니라 자연신학에도 똑같이 해당합니다. 그러나 신에 관한 우리의 철학적 관념의 기원을 고대 그리스 어디에서 찾을 수 있을지는 분명해 보이지 않습니다.

초기 그리스 철학에 관한 우리의 정보 대부분은 아리스토텔레스의 텍스트에 담겨 있습니다. 하지만 그의 글을 읽다 보면 어려움이 가득합니다. 아리스토텔레스에 따르면, 밀레토스의 탈레스는 모든 것이 태어나게 하고 모든 것이 되돌아가는 제1원리(또는 원소 또는 실체)는 물이라고 주장했습니다. 다른 문헌에서 아리스토텔레스는 탈레스가 "모든 것은 신들로 가득하다"[1]고 말했다고도 했습니다. 이렇게 두 대조되는 진술이 철학적으로 화해할 수 있을까요?

화해를 위한 첫 방법은 물과 신성이라는 두 개념을 동일시하는 것입니다. 이러한 방식으로 근대 학자들은 탈레스가 물은 여러 신 중 하나일 뿐만 아니라 최고 신이라고 말했다고 해석했습니다. 이와 같은 텍스트 해석에서는 "최고 신, 그리고 우주를 발생시킨 신은 하나의 신적인 힘, 즉 물"[2]이라고 할 수 있습니다. 이처럼 단순하고도 논리적인 해결책을 받아들여서 탈레스가 주장했을 법한 몇 가지 발상을 탈레스가 실제로 주장했다고 간주할 수도 있습니다만, 이를 받아들이기 어려운 이유가 하나 있다면 아리스토텔레스가 결코 이처럼 말하지 않았다는 사실입니다.[3] 우리가 가진 가

---

**1**   아리스토텔레스, 『형이상학』(한국어 번역본 다수〔편집자 주: 이하 한국어 번역본이 다수인 경우는 별다른 설명 없이 대표적인 한국어 제목을 표기하였습니다〕) I권 8, 988b, 20-27; 『영혼에 관하여』(아카넷 역간) I권 5, 411a, 8.

**2**   R. Kenneth Hack, *God in Greek Philosophy to the Time of Socrates* (Princeton University Press, 1931), p. 42(국역본: 『그리스 철학과 신』, 도서출판b).

**3**   아리스토텔레스는 어디에서도 근대 학자들이 제안했던 방식으로 탈레스를 재구성하지 않았습니다. 『영혼에 관하여』 I권 5, 411a, 7에서, 그는 자석은 철을 움직일 수 있으므로 영혼이 있다는 것을 탈레스의 또 다른 의견이라고 말합니다. 거기서 아리스토텔레스는 "모든 것은 신들로 가득하다"라는 탈레스의 진술이 아마도 "영혼은 우주 전체에 퍼져 있다"라는 의견에서 영감 받았을 것이라고 추론합니다. 물론 이것은 아리스토텔레스의 추측입니다. 탈레스 관련 텍스트의 영어 번역본은 다음을 보십시오. Milton C. Nahm, *Selections from*

장 초기 증언에 따르면, 탈레스는 물이 신이라고 말한 적도 없고, 이 세계에 가득한 신들 중 최고 신이 있다고 말하지도 않았습니다. 결론적으로 그는 물이 최고 신이라고 말하지 않았습니다. 간단히 말하자면 문제 전체가 여기에 남아 있습니다. 한편으로, 어떤 사람이 세계가 만들어진 재료로 특정한 자연 요소를 상정합니다. 그걸 물이라고 부릅시다. 그러나 그 이름 때문에 차이가 발생하지는 않습니다. 제1원리가 불이든, 공기든, 무규정자든, 심지어 선*이든 문제는 똑같이 남아 있습니다. 다른 한편으로는, 같은 사람이 만물은 신들로 가득하다는 공리 같은 걸 상정합니다. 여기에서 우리는 물이 그에게 단지 여러 신 중 하나가 아니라 신들 중 가장 위대하다는 결론을 즉각 도출할 수 있습니다. 그런데 이러한 추론이 더 논리적으로 보일수록, 정작 그 사람 본인은 이러한 결론을 도출할 생각을 하지 않은 것 같다는 점이 더 의외일 것입니다. 하지만 우리가 추론한 것을 그에게 제

*Early Greek Philosophy* (F. S. Crofts, New York, 1930), pp. 59-62. 아리스토텔레스 이후 주로 스토아철학의 영향으로 세계영혼(world-soul)이라는 가르침은 탈레스의 것으로 간주 되었습니다. 이러한 입장은 소위 탈레스의 세계영혼을 신과 동일시함으로써 그 범위를 완성했던 키케로(『신들의 본성에 관하여』[그런비 역간] I권 25) 때까지 지속하였습니다. 다음을 참고하십시오. John Burnet, *Early Greek Philosophy* (4th ed. London, A. and C. Black, 1930), pp. 49-60. 이 모든 것은 탈레스의 가르침에 대한 후대의 재구성이고, 이를 뒷받침할 신뢰할 만한 역사적 증거는 없습니다.

시한다면, 적어도 그가 우리의 추론이 부당하다고 반대할 가능성은 희박합니다. 요약하자면, 우리는 철학사를 있었던 그대로 쓰는 대신에 철학이 어떠했어야 했는지에 대한 역사를 쓰고 있다는 것입니다. 철학사를 쓰는 매우 나쁜 방식입니다. 그리고 곧 보게 되겠지만 철학사의 가장 심오한 철학적 의미를 놓치는 확실한 방법입니다.

우리의 어려움을 제거하는 두 번째 방법이 있습니다. 물을 신으로 바꾸는 대신 탈레스의 신을 물로 바꾸는 것입니다. 바로 이것이 존 버넷John Burnet이 독자들에게 "모든 것이 신들로 가득하다는 말에 큰 의미를 부여하지"[4] 말라고 조언했을 때 의도했던 바입니다. 버넷의 말 이면에는 밀레토스의 탈레스나 그의 직속 후계자들에게는 "신학적 사변의 흔적이 없다"는 버넷 자신의 절대적 확신이 놓여 있습니다. 달리 말하면, 탈레스가 세계가 신들로 가득하다고 말할 때 실제로 '신들'을 의미한 게 아닙니다. 그는 단지 어떤 물리적이고 순전히 자연적인 에너지, 이를테면 자신의 가르침에서 만물의 제1원리인 물과 같은 것을 의미했을 뿐입니다. 탈레스의 후계자들에게도 똑같은 방식으로 논평할 수 있습니다. 아낙시만드로스가 제1원리를 무규정자라고 하고 그것을 신

**4**    J. Burnet, *op. cit.*, p. 50

적이라고 말할 때, 혹은 아낙시메네스가 무한한 공기가 신들과 신적인 존재를 포함하여 존재하는 모든 것의 제1원인이라고 가르칠 때, 그들은 신들을 예배 가능한 대상으로 생각하지 않았습니다. 버넷의 말로 하면, "신이라는 단어를 이처럼 비종교적으로 사용하는 것은" 고대 그리스 철학 "전 시기에 걸친 특징"입니다.[5] 여기에 대해 저는 반대합니다. '신'이라는 단어보다 더 두드러지게 종교적 함의를 가진 단어가 거의 없기 때문입니다. 누구라도 "모든 것에 신들이 가득하다"라는 문장을 어떤 사물 속에도 신이 없다는 뜻으로 얼마든지 해석할 수 있습니다만, 적어도 이러한 해석은 꽤 대담한 해석이라 할 수 있습니다.

탈레스가 자신의 신들이 다름 아닌 물이라고 말했다는 가설이나 아니면 자신의 물이 신이라고 말했다는 가설 대신, 제삼의 역사적 가설을 시도해 보는 건 어떨까요? 제삼의 가설이란 철학자들은 일반적으로 자신이 말하고자 하는 바를 실제 말한다는 것입니다. 그리스인에게 그리스어를 가르치

---

5    *Ibid.*, pp. 18, 14, 50. 고대 그리스 철학에 대한 버넷의 합리주의적 해석은 다음 책에서 발전한 사회학적 해석에 대한 반작용입니다. F. C. Comford, *From Religion to Philosophy* (London, 1912; 국역본:『종교에서 철학으로』, 이화여자대학교출판문화원). 버넷은 우리가 "신화에서 과학을 도출하는 오류에 빠지지" 말아야 한다고 봅니다(*op. cit.*, p. 14). 제 생각에도 이 점에서는 버넷이 옳습니다. 하지만 신화에서 탈레스의 과학을 도출하는 것이 실수라면, 탈레스의 과학에서 신화를 제거하는 것은 또 다른 실수입니다.

는 것은 위험 부담이 있는 일입니다. 기원전 5세기 그리스인들의 정신에 있는 '신'이라는 단어가 정확히 무엇을 내포하는지 말하라고 한다면, 저는 곧바로 이것은 대답하기 매우 힘든 질문이라고 인정할 겁니다. 하지만 우리는 노력할 것입니다. 우리가 할 수 있는 최선의 일은 그리스인들이 "신들"이라 부르는 것의 기원과 본성, 역할에 대해 어느 정도 길게 묘사한 작품부터 읽는 것이 아닐까 싶습니다. 예를 들면, 호메로스도 있고, 헤시오도스도 있습니다. 저는 호메로스가 "신"이라고 말하면서도 실제 '신'을 뜻한 것은 아니라는 주장이 제기되어 왔다는 점을 매우 잘 압니다. 하지만 호메로스가 실제 무엇을 의미했는지 그에게 물어본다고 하여서 해가 될 것은 없습니다. 우리는 호메로스의 답변을 거절하기 전에, 최소한 그의 답변을 충분히 고려해야 합니다.[6]

신이라는 단어의 그리스적 의미에서 첫 번째로 놀랄 만한 사실은 그 단어의 기원이 철학적인 것이 아니라는 점입니다. 고대 그리스 철학자들이 사변하기 시작했을 때, 신들은 이미

6  빌라모비츠(Wilamowitz), 로드(Rohde), 에드워드 마이어(Edward Meyer) 의 입장에 관해서는 다음의 사려 깊은 논평을 보십시오. R. K. Hack, *op. cit.*, pp. 4-6. 일부 근대 학자들은 호메로스를 비종교적일 뿐만 아니라, 심지어 반종교적으로 해석했습니다. 반면 다른 학자들에 따르면, 호메로스는 고대 그리스 이교도에게 성 바울과 같은 종교 개혁자였습니다. 이와 같은 입장의 예로 다음을 보십시오. Gilbert Murray, *Five Stage of Greek Religion* (New York, Columbia University Press, 1925), p. 82.

있었습니다. 철학자들은 고대 그리스 로마 시대부터 성 아우구스티누스 시대에 이르기까지 신학자 시인Theologian Poets이라 불렸던 사람들에게서 신들을 물려받았을 뿐입니다. 호메로스의 『일리아스』에 한정하자면, '신'이라는 단어는 믿기 힘들 정도로 다양한 대상에 적용되는 것 같습니다. 그리스의 신은 제우스, 헤라, 아폴론, 팔라스 아테나 등의 올림포스의 신처럼 우리가 사람이라고 부를 법한 것으로 상상해 볼 수 있습니다. 그러나 신은 또한 위대한 바다, 땅, 하늘 신과 같이 어떤 물리적 실재일 수도 있습니다. 『일리아스』 20권 도입부에서 제우스는 테미스에게 신들의 모임을 소집하라고 명령합니다. "바다 외의 모든 강이 다 모였고, 아름다운 관목과 강의 원천과 풀이 무성한 강가 목초지에서 맴돌던 요정 모두가 모였다." [7] 이것이 다가 아닙니다. 호메로스의 『일리아스』에

---

7    *Homeri Ilias*, ed. Thomas W. Allen (Oxford, Clarendon Press, 1931), 3 vols. 행 번호는 이 판본에서 취했습니다. 그러나 본문은 다음 번역에서 인용할 것입니다. *The Iliad of Homer*, trans. by A. Lang, W. Leaf, and Ernest Myers (New York), The Modern Library. Cf. Bk. XX, vv. 7-9, p. 868. 인격적인 그리스의 신들도 원래는 인격화된 자연적인 힘과 다름 없었던 것으로 보인다는 점에 주목하십시오. G. 머레이(Murray)가 말한 것처럼, 제우스는 "아카이아인의 하늘 신"이며, 포이보스 아폴론은 "태양신"이고, 팔라스 아테나는 아테네와 연관된 "새벽의 신, 에로스"입니다(*op. cit.*, pp. 71-74.). 이 같은 인격화 과정으로 제기된 심리적 문제에 관해서는 언제나 도발적이며 날카로운 평을 제시하는 다음 책을 참고하십시오. R. K. Hack, *op. cit.*, pp. 12-16, 그리스의 종교적 삶과 감정에 관해서는 다음을 보십시오. A. J. Festugière, *L'Idéal religieux des Grecs et l'Évangile* (Paris, Gabalda, 1932), pp. 20-32

서는 유한한 생명 모두를 관할하는 위대한 자연적 운명들도 수많은 신으로 나타납니다. 예를 들면, 공포와 궤멸, 갈등 등이 있습니다. 죽음과 잠도 있는데, 잠은 죽음의 형제로서 신들과 인간들의 주인입니다.

존재자들과 사물들과 심지어 추상적 개념들이 이렇게 이질적으로 뒤섞여 있어서 여기서 공통의 요소를 찾기가 쉽지 않아 보입니다. 그러나, 더 자세히 검토하면 최소 하나의 공통점이 나타납니다. 이러한 것들이 지시하는 바의 참 본성이 무엇이든지 간에, 이러한 신들의 이름은 모두 자기 자신의 의지를 지닌 살아 있는 능력 혹은 힘을 가리킵니다. 이 신적인 능력이나 힘은 인간의 삶 속에서 작동하며, 위에서 인간의 운명을 쥐고 흔듭니다. 대중들이 흔히 상상하는 고대 그리스는 선한 본성을 가진 신들의 인도하에 온화한 자연을 평화롭게 즐기며 걱정 없는 삶을 영위하는 지성적인 종족이 있던 낭만적인 곳입니다. 그러나 이러한 이미지는 우리가 그리스 서사시나 비극, 정치사에서 배운 바와 조화되지 못합니다. 최소한 이것은 그리스의 종교를 통해 알려진 바와 전적으로 대치됩니다. 종교적 성향을 지닌 그리스인은 자기 자신이 무수히 많은 신적인 힘의 손안에 있는 도구라고 느꼈고, 자신의 행동은 물론 생각까지도 이러한 신적인 힘들에 궁극적으로 복종해야 한다고 봤습니다. 모두가 알듯이,

첫 구절부터 호메로스의 『일리아스』의 주제는 아킬레우스의 분노와 그 분노가 그리스인에게 가져온 재앙이었습니다. 아킬레우스가 분노한 원인은 아가멤논 왕의 부당한 대우였습니다. 아가멤논은 자신이 한 일의 실제 원인이 무엇인지 말합니다. "내가 아니라 제우스가 원인이다. 그리고 모임에서 내가, 심지어 내가 아킬레우스에게서 포상을 빼앗을 때 어둠 속에서 걸어와 나의 영혼을 잔인한 광기 속으로 집어넣은 에리니스가 원인이다. 내가 무엇을 할 수 있겠는가? 모든 일을 이루는 이는 신이다."[8]

이러한 신적 힘들의 첫 번째 특징은 생명입니다. 어떤 식으로 나타나든 간에 그리스의 신은 결코 생명이 없는 무언가가 아닙니다. 마치 인간이 살아있는 것처럼, 신은 살아있는 존재입니다. 인간의 삶은 어느 날 끝난다면, 그리스의 신은 절대 죽지 않는 것이 유일한 차이입니다. 그래서 신들의

---

[8]  다음을 참고하십시오. 호메로스, 『일리아스』 XIX권 86-90(영역본 p. 857). 나중에 아킬레우스가 직접 이러한 점을 확신시켜 줍니다. "아버지 제우스시여, 당신은 참으로 인간에게 쓰라린 광기를 주십니다. 제우스께서 많은 아카이아인의 죽음을 원하지 않으셨다면, 아트레우스의 아들(즉, 아가멤논)은 결코 내 가슴 속의 영혼을 어지럽히지 못했고, 그 처녀(즉, 브리세이스)를 나의 의지에 반하여 집요하게 데려가려 하지도 않았을 겁니다"(『일리아스』 XIX권 270-274[영역본 p. 862]). 모든 그리스 비극처럼 모든 그리스 시는 시와 비극에 완전한 의미를 부여하는 "사후세계의 서막"(Prelude in Heaven)을 상정하고 있습니다.

다른 이름은 **불멸자입니다.** 이러한 죽지 않는 존재들의 두 번째 특징은 그들 모두가 세계보다는 인간과 관계를 더 맺는다는 점입니다. 인간의 생명을 흔드는 영원한 운명 중 아무거나 하나 골라 예를 들어 봅시다. 운명은 하나의 신입니다. 땅과 하늘, 바다가 그러합니다. 강들은 인간 땅을 비옥하게 하여 인간에게 생명을 가져오고, 인간의 둑을 넘어 범람함으로써 죽음으로 인간을 위협합니다. 잠과 죽음, 공포와 갈등, 완강한 복수, 궤멸, 제우스의 메신저인 풍문도 마찬가지입니다. 그러나 끔찍한 신적인 존재들 말고도 자애로운 신적인 존재가 있음을 잊어서는 안 됩니다. 정의와 사랑, 뮤즈들, 은총들이 이러한 신입니다. 요약하자면, 불멸하는 생동적 힘들이 필멸하는 인간의 삶을 통치합니다.

이러한 두 가지 특성에다 세 번째를 더해 봅시다. 신적인 힘은 자신의 질서 내에서는 최고 권위로 다스립니다. 마찬가지로 다른 신들은 각자의 질서에서는 최고 권위입니다. 그래서 몇몇 특정 지점에서는 어떤 신이 다른 신에게 복종해야 할 수도 있습니다. 예를 들어 봅시다. 불멸하는 존재들은 죽지는 않더라도 잠은 잡니다. 그렇다면 잠은 "모든 신의 주인

---

**9** 그리스 정신에서 생명과 피는 떨어질 수 없는 두 개념입니다. 그리스 신들은 피가 없기에 피를 잃을 수 없고, 따라서 죽을 수 없습니다. 다음을 참고하십시오. 『일리아스』 V권 889-842(영역본 p. 84).

이요 모든 인간의 주인"입니다.[10] 이것은 보편 법칙입니다. 불멸하는 자들은 잠을 자듯, 또한 사랑하고 욕망합니다. 따라서 여신 헤라는 아프로디테에게 이렇게 말합니다. "불멸자와 필멸하는 인간 모두를 꼼짝 못 하게 하는 사랑과 욕망을 내게 다오." 헤라는 제우스가 정말 두려워하는 유일한 신이고, "심지어 불멸의 신들 가운데서도 헤라는 제우스를 질책했기" 때문에 제우스는 "불편한" 감정 없이 헤라를 본 적이 거의 없었습니다. 요약하자면, 어떤 인간의 삶이라도 흔들어 놓을 수 있는 가장 강력한 신은 제우스의 아내입니다.

그러나, 제우스 자신도 복종했던 단 하나의 절대적 힘은 바깥에서가 아니라 안에서 그를 지배합니다. 그것은 바로 제우스 자신의 의지입니다. 모든 신 중에 가장 위대하고, 신들과 인간들의 아버지이며, 지혜의 신인 제우스는 자신이 동의한 것이 있다면 그 앞에서 무기력했습니다.[11] 제우스의 의지가 자신이 개인적으로 선호하는 바와 일치하지 않더라도, 그는 자신의 의지에 동의하지 않을 수 없었습니다. 모든 일이 숙명과 운명에 따라 일어나는 것은 더욱 심오한 차원에서 제우스가 마음 깊은 곳에서 뜻하는 바입니다. 사랑하

---

10  『일리아스』 XIV권 288(영역본 pp. 256-257).

11  『일리아스』 I권 524-527(영역본 p. 16). "내가 머리를 숙이고 맹세했을 때, 내 말의 어떤 것도 무효가 되거나 이뤄지지 않을 수 없다."

는 아들 사르페돈이 파트로클로스와 맞서 싸우게 되자, 제우스는 사르페돈이 죽어야 할 운명이라는 것을 알았습니다. 아버지로서의 사랑과 운명에 대한 동의 사이에서 괴로워하는 제우스는 처음에는 주저합니다. 그러나 헤라는 제우스에게 그의 의무를 엄격하게 상기시킵니다. "당신은 죽음의 운명이 오래전에 드리웠던 죽을 수밖에 없는 인간을 가증스러운 죽음에서 또다시 건져 내기를 바라십니까. 당신의 뜻대로 하십시오. 그러나 우리 다른 신들은 결코 당신을 찬양하지 않을 겁니다." 헤라가 이렇게 말하자 "신들과 인간들의 아버지는 그녀의 말을 묵살하지 않았습니다. 그러나 그는 파트로클로스에 의해 곧 살해될 자신의 사랑하는 아들을 기리며 땅 위에 핏빛 빗방울을 떨어트렸습니다."[12] 제우스의 더 깊은 뜻은 운명의 꺾을 수 없는 힘과 하나이기에, 제우스는 모든 신 중 가장 강력합니다.

만약 이것이 사실이라면, 그리스 신은 다음과 같이 정의됩니다. 살아 있는 존재가 자신의 삶을 다스리는 존재로 인식하는 또 다른 살아 있는 존재가 바로 신입니다. 생명이 부여된 어떤 존재에게 일어난 일은 생명이 있는 또 다른 존재로만 설명될 수 있다는 점은 그리스인들에게는 논의할 필요

---

12    『일리아스』 XVI권 439-461(영역본 p. 302).

도 없이 분명했습니다. 그리스인들이 이를 확신했기에 그리스 종교나 그리스 신들을 결코 가볍게 다룰 수 없습니다. 종교적 심성을 가진 그리스인은 신들의 힘이 압도적일 뿐만 아니라 자주 서로 갈등을 일으킨다고 생각했습니다. 그리고 인간인 자신은 신들이 서로 싸우는 수동적인 전쟁터라고 느꼈습니다. 핀다는 다음과 같이 말했습니다. "필멸자의 업적을 이루는 모든 수단이 신에게서 나옵니다. 신들 덕분에 인간은 현명하고 용감하며 유창합니다."[13] 그러나 그 반대도 사실입니다. 신들이 함께할 때 영웅들이 용감하게 싸웠지만, 신들에게 버림받을 때는 수치심도 없이 부리나케 도망갑니다. 그리고 그들은 소위 "제우스의 신성한 저울이 돌아갔다"라고 느낍니다. 제우스 자신도 자기 손에서 저울이 돌아간 것을 보았기에 그것을 압니다. "헥토르와 아킬레우스가 네 번째로 샘물에 이르렀을 때, 아버지는 자신의 황금 저울을 놓고는 거기다 음울한 죽음 두 몫을 올려 두었습니다. 아킬레우스의 것 하나, 말을 길들이는 헥토르의 것 하나. 그리고 제우스는 저울의 중간을 잡고는 무게를 달았습니다. 그러자 헥토르의 운명의 날은 땅으로 기울었고, 하데스의 집으로까지 내려갔고, 포이보스의 아폴론은 그를 떠났습니

**13**  Pindar, *Pythian Odes*, I, vv. 41–42, ed. J. Sandys (London, 1915), p. 159. Loeb Classical Library.

다."[14] 제우스의 뜻은 또다시 운명에 대한 그 자신의 동의로 환원됩니다. 따라서 헥토르는 죽어야만 합니다. 모든 것이 인간들에게 자신의 덕목과 악덕, 감정과 열정과는 무관하게 찾아오는 세계, 이러한 것이 바로 그리스의 종교적 세계입니다. 인간이 당면하는 모든 것을 자신의 호불호를 따라 일어나게 하는 불멸의 존재, 이것이 바로 그리스의 신들입니다.

이제 우리는 그리스 철학자들이 자신들이 상정한 만물의 제1원리를 신격화하기가 그다지 쉽지 않았음을 이해하기 시작했습니다. 탈레스나 아낙시메네스와 그의 후계자들이 여전히 호메로스의 신들을 믿었는지, 아니면 이미 이러한 신들 대부분을 단지 우화적인 상상으로 보고 없애기 시작했는지를 아는 것은 여기서 다룰 문제가 아닙니다. 첫 번째 가설보다 두 번째 가설이 더 사실일 것 같다고 할지라도, 여전히 신이라는 관념에 뭔가 종교적 함의가 있는 한 어려움은 똑같습니다. 철학자로서 말하자면, 만약 여러분이 모든 것이 $x$이고 그 $x$가 신이라고 주장한다면, 모든 것이 단지 신일 뿐만 아니라 동일한 신이라고 주장하는 셈입니다. 그렇다면 세계가 신들로 가득하다는 말을 어떻게 덧붙일 수 있겠습니

14    『일리아스』, XXII권 208-213(영역본 p. 406).

까? 종교적인 사람으로서 여러분이 세계가 신들로 가득하다고 상정한다면, 여러분의 신들은 자신들이 깃든 것들의 원리가 될 수 없습니다. 혹은 각각의 신이 원리라고 해봅시다. 그렇다면 모든 것에 대한 단 하나의 원리가 있다고 더는 말할 수가 없습니다. 탈레스와 그의 후계자들은 철학자로서 이야기했기에, 첫 번째가 유일한 논리적 선택지였습니다. 그들은 모든 것이 유일하고 똑같은 신이라고 말했어야 합니다. 따라서 동시에 그리스 철학은 유물론적 범신론으로 향해야 했습니다. 이는 그리스 철학이 궁극적으로 도달하게 될 스토아주의가 제안했던 바이기도 합니다. 추상적인 논리이기는 하지만, 고대 그리스 철학자들은 그리스 자연신학의 진화를 바로 끝내 버릴 뻔했습니다. 그러나 자신들의 신들을 잃고 싶지는 않았기에, 그렇게 하지 않았습니다.[15]

15    반면 신에 관한 그리스 철학과 종교 사상의 연속성은 다음 책에서 강하게 주장됩니다. R. K. Hack, *op. cit.*, p. 89. 따라서 우리는 같은 본문을 놓고 이율배반적 해석을 마주하게 됩니다. 버넷에 따르면, 탈레스는 "모든 것이 신들로 가득하다"라고 말했을 때 실제로 '신들'을 의미한 것이 아닙니다. R. K. 핵에 따르면 탈레스는 "물은 우주의 생동적이고 신적인 실체이다"(*Ibid.*)라고 진정 생각했습니다. 사실 탈레스에 관한 우리의 지식의 중요한 자료인 아리스토텔레스의 문헌에서는 "세대의 부모들"로 간주되는 바다와 테티스와 관련하여 "신들의 첫 학생들"이라는 유사한 가르침이 언급됩니다. 아리스토텔레스가 덧붙이기를 "자연에 관한 이러한 고대적인 초기의 의견이 있는지는 불명확한 질문입니다. 그러나 탈레스는 제1원인에 관하여 이러한 의견을 표했다고 알려져 있습니다." 『형이상학』 I권 8, 988b, 18-984a, 2; M. C. Nahm, *op. cit.*, pp. 60-61. 따라서 아리스토텔레스는 두 가르침 사이의 연속성이 있

당연히 이에 대한 첫 반응은 철학적인 용기가 이토록 없냐는 비난일 겁니다. 그러나 실재의 다양성을 파괴하기를 거부하는 것보다 추상적 논리를 따르는 것이 용기가 덜 필요한 일일 수도 있습니다. 철학자가 '이 세계가 무엇으로 이루어졌는가?' 하고 스스로 물을 때, 그는 순전히 객관적이고 비인격적인 질문을 던지고 있습니다. 반면, 아가멤논이 "내가 무엇을 할 수 있었지? 결국 모든 것을 이루는 이는 신이다"라고 외쳤을 때, 그는 가장 주관적이면서 개인적인 질문을 던지고 있었습니다. 즉 '나로 하여금 그렇게 하게 한 것은 무엇이지?'라는 물음입니다. 첫 번째 질문에 올바르게 답한다고 해도 두 번째 질문이 말끔히 해결되지는 않는다는 것이 드러납니다. 우리는 아가멤논의 궁금증을 누그러뜨리고

---

있는지 확신하지 못한 것이 분명합니다. 아리스토텔레스가 "모든 사물에 퍼져 있는 영혼에다가 신적인 속성을 포함"(R. K. Hack, *op. cit.*, p. 42, n. 2)하지 않았다고 비난하는 것은 당연히 그가 그렇게 했어야 했다는 말인데, 그러나 이것은 결코 증명된 적이 없습니다. 결론적으로 말하자면, 버넷은 탈레스에게 신들은 자석과 같은 종류의 물리적 힘들이었다는 것을 제안하고자 다음의 두 진술을 연결하였습니다. "모든 것들은 신들로 가득하다." 그리고 "자석은 살아 있다"(*op. cit.*, p. 48). R. K. 핵은 다음과 같은 두 진술을 연결하였습니다. "모든 것들은 신들로 가득하다." 그리고 "모든 것을 통해 영혼이 편만해 있다." 반면, 아리스토텔레스는 이러한 다양한 논지 중 둘을 연결한 적이 없고, 세계영혼의 가르침을 명시적으로 탈레스에게 돌리지도 않았습니다(『영혼에 관하여』 I권 5, 411a, 7-9). 일부 학자들이 신이 있는 텍스트에서 신을 제거한다는 사실로부터 우리가 신이 없는 텍스트에 신을 집어넣는 것이 승인되지는 않습니다.

자 모든 것이 물이기에 그가 아킬레우스의 전리품을 취했던 것은 반드시 물과 관련 있었을 것이라고 말해 볼 수는 있을 겁니다. 아가멤논이 우리의 설명에 귀 기울일 수도 있겠지만, '물'이란 단어를 듣고는 곧바로 바다의 신을 생각했을 겁니다. 아가멤논은 우리의 신은 잘못된 신이기에 우리의 답은 잘못되었다고 반론을 제기할 준비도 분명 했을 겁니다. 아가멤논 왕은 자신이 이처럼 미친 행동을 하는 유일한 합당한 원인은 오케아노스(바다)가 아니라 미망(아테)이라고 말할 겁니다.[16] 미망은 신 중 하나이지만, 물은 하나의 사물일 뿐입니다.

그리스 철학자들이 '신'이란 단어를 사용하였을 때 그들은 하나의 단순한 사물 이상의 어떤 원인을 마음에 두고 있었습니다. 그것으로부터 세계 질서라는 문제에 대해서 단일하면서도 포괄적인 해결책을 발견하려 했기에 철학자들은 어려움을 겪었습니다. 아주 초기에 활동했던 그리스 사상가들도 철학자로서 진정으로 과학적인 정신 자세의 완벽한 전형으로 보입니다. 그들에게 실재란 본질적으로 만지거나 볼 수 있는 것이었고, 그들은 실재에 대해 '그게 무엇이지?'라는 근원적 물음을 던졌습니다. '바다란 무엇인가?'라는 물음이 있

---

**16** 『일리아스』 XIX권 91-92(영역본 p. 357).

다면, 바다가 신 중 하나라는 답변은 말이 되지 않습니다.[17]
반대로 '세계란 무엇인가?'라는 질문에 '모든 것은 신들로 가
득하다'라는 문구로 답할 수는 없습니다. 그리스 철학자들은
세계를 주어진 실재로 받아들이고, 단순히 세계의 '본성'이
무엇인가 스스로 물었습니다. 말하자면 그들은 모든 것의 본
질적 실체가 무엇이며, 모든 것의 움직임에 숨겨진 원리가
무엇인지 물었습니다. 그것은 물, 공기, 불, 무규정자일까요?
아니면 혹시 마음, 생각, 이데아, 법칙일까요? 그리스 철학자
들이 문제에 어떻게 답을 하든지 간에, 그들은 언제나 자연
을 자명한 사실로 대했습니다. 데모크리토스는 말했습니다.
"어떤 것도 존재하지 않는 것으로부터 존재하게 될 수 없고,
존재하지 않는 것으로 사라져 없어지지도 않습니다."[18] 자연
이 존재하지 않는 것이 가능하다면, 자연은 결코 존재한 적
도 없었을 것입니다. 지금 자연이 눈앞에 있고, 따라서 언제
나 있었으며 앞으로도 있을 것입니다. 이렇게 이해된 자연은

---

**17**   이것은 헤시오도스의 신학에서 해당합니다(참고 R. K. Hack, *op. cit.*, chap.
iii, pp. 28-82). 호메로스보다 더 체계적이었던, 헤시오도스의 『신들의 계보』
는 여전히 본질적으로 신학에 머물러 있었습니다. 말하자면 이 책은 하나 혹
은 다수의 자연 속 원리들로 세계를 철학적으로 설명한 것이 아닙니다. 이 책
은 특정한 인격들로 세계를 종교적으로 설명합니다. 신화는 종교이고, 철학은
지식입니다. 비록 참 종교와 참 지식이 궁극적으로 다르지 않지만, 신화와 철
학은 문제와 설명 방식과 해결책에서 다른 두 유형을 대표합니다.

**18**   본문은 다음에 있습니다. M. C. Nahm, *op. cit.*, p. 165, n. 44.

필연적이고 영원하기 때문에, 그리스 철학자는 우리의 세계가 시작이 있고 언젠가 끝날 운명이라는 결론에 이르면 세계의 시작과 마지막이란 끝없이 다시 일어나는 사건의 영원한 순환에서 단지 두 순간에 불과하다는 생각이 곧바로 떠올랐을 것입니다. 심플리키오스가 말했듯 "아낙시만드로스, 레우키포스, 데모크리토스, 그리고 이후에 에피쿠로스와 같이 무수한 세계를 상정했던 사람들은 자신들이 무한히 *ad infinitum* 존재하게 되고 또 사라진다고 주장했습니다. 일부는 언제나 존재하는 중이고, 다른 것들은 사라져 없어지는 중입니다."[19] 이것이 자연의 문제에 관해 과학적으로 입증된 답변으로 여겨질 수 없더라도, 최소한 자연 세계에 대한 철저한 과학적 설명이 어떠해야 하는지에 관한 적절한 철학적 표현이라고는 할 수 있습니다. 이러한 유형의 설명은 종교 특유의 문제에 대한 답변으로는 부족합니다.

이처럼 과학적으로 답변 불가능한 문제에 대해서도 질문을 던져야 하는지는 정당한 물음입니다만, 이것이 지금 우리가 다루는 문제는 아닙니다. 지금 우리는 역사적 사실들을

**19**   J. Burnet, *op. cit.*, p. 59를 참고하십시오. 아낙시만드로스에 관해서는 다음 문헌을 보십시오. M. C. Nahm, *op. cit.*, pp. 62, 68; 레우키포스와 데모크리토스에 관해서는 다음을 보십시오. *op. cit.*, pp. 160-161; J. Burnet, *op. cit.*, pp. 338-339. 이 문제에 관한 최고의 작품은 다음의 책입니다. A. Dies, *Le Cycle mystique* (Paris, F. Alean, 1909).

탐색하는 중입니다. 이러한 사실 중 하나는 그리스인들이 특히 종교적인 물음들을 계속해서 던졌다는 사실입니다. 또 다른 사실은 그들이 이러한 문제들에 대해 특별히 종교적인 답변을 제시했다는 것입니다. 그리고 세 번째 사실은 그리스 철학자 중 가장 위대한 이가 세계에 대한 종교적 해석과 철학적 해석을 화해시키는 것이 불가능하다고까지 말은 못 해도, 그것이 몹시 힘든 일임을 알아차렸다는 것입니다.

자연에 관해 그리스인들이 가졌던 두 관점의 유일한 공통 요소는, 어떤 이유로든 무언가 일어난다면 그 일이 일어나지 않는 것이 불가능했다는 일반적 느낌 같은 것이었습니다. 따라서 그리스 철학은 원시적인 그리스 종교의 점진적 이성화라는 그리스 철학사를 다룰 때 자주 언급되는 관점이 나옵니다. 그러나 여기에 여러 난제가 있습니다. 특별히 숙명과 운명이라는 종교적 개념은 필연성이라는 철학적 개념과 구분됩니다. 헥토르를 포함한 모든 사람이 반드시 죽는다는 것은 자연의 법칙입니다. 이것은 필연성이라는 철학적 질서에 속합니다. 헥토르가 어떤 정해진 시간에 특정한 상황에서 죽을 것이라는 점은 구체적인 인간 삶 속에 일어난 사건입니다. 필연성의 이면에는 어떤 법칙이 있고, 운명의 이면에 어떤 의지가 있습니다.

필연성과 운명 사이에서 성립된 관계는 원인이라는 철학

개념과 그리스의 신 개념 사이에서도 동일하게 성립됩니다. 제1원인 내지 제1원리란 존재했던, 존재하는, 존재할 모든 것에 보편타당한 설명입니다. 인간은 과학적 혹은 철학적 지식의 대상으로서, 경험적 관찰 혹은 합리적 설명이 가능한 여러 대상 중 하나일 뿐입니다. 인간이 자신의 삶을 과학자나 철학자로서 바라볼 때, 삶의 연속적 사건들을 비인격적 원인에서 비롯된 수많은 구체적인 결과로 보고 자기의 죽음도 예견합니다. 그러나 모든 사람은 과학과 철학적 원인과는 매우 다른 유형의 원인을 개인적으로 우연히 접하게 됩니다. 인간은 자신을 압니다. 인간은 자기 자신을 알기에, "나는 있다"라고 말할 수 있습니다. 그리고 인간이 자기 외에 다른 것들도 알기에, 이것들에 대해 "그것들이 있다"라고 말할 수 있습니다. 이것은 진정으로 매우 중요한 사실인데, 왜냐하면 인간의 지식을 통해서, 우리가 아는 한 오직 인간의 지식을 통해서만, 세계가 자신의 실존에 대한 의식에 이를 수 있기 때문입니다. 모든 시대의 철학자들과 과학자들이 처음에 마주하는 꽤 어려운 문제가 바로 이것입니다. 지식을 생산하는 존재인 인간은 세계의 일부입니다. 따라서 지식이나 무언가—사실상 지식을 포함하므로 지식보다 더 우월한 무언가—를 자연의 제1원리에서 기인한 것으로 보지 않고서, 어떻게 자연을 설명할 수 있을까요?

세계 안에 이와 같은 지식이 있다는 사실로부터 더 어렵지만, 더 숙고할 만한 두 번째 문제가 발생합니다. 인식하는 존재로서 인간은 사물들을 구분할 수 있고, 그것들 특유의 본성을 이해할 수도 있습니다. 따라서 사물을 인식하는 자신의 지식에 따라 그 사물에 대한 자신의 태도를 결정할 수 있습니다. 사물에 의해 결정되는 것이 아니라, 사물에 대한 자신의 지식이 규정한다는 점이 바로 우리가 자유롭다고 하는 것입니다. 지식은 특정한 선택 가능성을 세계에 도입합니다. 이로써 지식은, 다른 모든 것과 마찬가지로 존재 내지 실존할 뿐만 아니라 대자적對自的으로 존재 내지 실존하는 기이한 종류의 존재를 초래합니다. 그리고 이러한 존재에게만 나머지 모든 것이 현실에 실존하는 일련의 사물들로 나타납니다. 그러한 존재는 우주 안에 자신이 차지하는 예외적인 상황을 의식할 수밖에 없습니다. 이 지점에서 저는 여러분께 이러한 존재의 실존은 관찰 가능한 사실임을 기억해 주시길 부탁드립니다. 어떤 점에서는 이러한 존재는 전체의 일부일 뿐이고, 그렇기에 전체의 법칙에 완전히 복종하고 있습니다. 다른 점에서는 이러한 존재는 자신이 자발적인 반응과 자유로운 선택의 근원적 중심이기에 그 자체로 하나의 전체입니다. 우리는 이러한 존재를 인간이라고 부릅니다. 인간은 자신의 지식에 따라 자기 행동을 지시하기에 의지가 있다고 말합니다. 하나의 원인으로서 인간 의지는 우리에게 알려진 다른 원인들과 가장 다릅니다. 의지는 가능성 있는 선택지들을 마주할 때만 알려지고, 자기 결정의 근원적 능력이기 때문입니다. 지금껏 철학과 과학은 의지나 무언가—의지를 사실상 포함하기에 실제로 의지보다 더 우월한 무언가—를 제1원인에서 기인한 것으로 보지 않고서, 세계 속에서 인간 의지의 실존을 설명하다 가장 큰 어려움에 부딪혔습니다.

이것을 이해하는 것은 그리스 신화의 깊이 숨겨진 근원에 도달하는, 그렇기에 그리스 종교의 깊숙한 근원에 이르는 일이기도 합니다. 인간은 단지 무언가만이 아니라 누군가이기에, 그에게 일어난 일에 대한 궁극적인 설명은 단지 무언가만이 아니라 누군가에 달려 있습니다. 그리스 신들은 이러한 절대적 확신을 표현해 주는 원재료라고 할 수 있습니다. 진흙투성이 둑 사이로 흐르는 물줄기인 스카만드로스는 강, 즉 사물에 불과합니다. 그러나 발 빠른 아킬레우스의 의지에 과감히 맞서는 트로이의 강으로서 그것은 단지 하나의 사물일 수 없습니다. 스카만드로스는 인간과 유사하게, 혹은 초인이나 심지어 신과 같은 모양으로 등장합니다. 신화는 진정한 철학으로 가는 도정의 첫 발자국이 아닙니다. 사실 신화는 전혀 철학이 아닙니다. 신화는 참 종교로 가는 도정의 첫 발자국입니다. 신화 그 자체는 종교적입니다. 그리스 철학은 그리스 신화에서 어떤 점진적 이성화 과정을 거쳐서 나온 것이 아닙니다.[20] 그리스 철학이 세계를 사물들의 세계로 이해하려는 이성적인 시도라면, 그리스 신화는 듣지도 말하지도 못하는 사물들의 세계 속의 유일한 인격인 인간이 홀로 남겨지지 않겠다는 굳센 결의의 표현이기 때문입니다.

만약 이것이 참이라면, 위대한 그리스 철학자들이 자신의 원리들을 자신의 신들과, 또는 자신의 신들을 자신의 원리들과 어떻게 동일시할지 몰라 헤매는 것을 보더라도 놀랄 일은 아닙니다. 그들은 둘 다 필요했습니다. 플라톤이 무언가가 참으로 존재 내지 실존한다고 했을 때, 그는 늘 그 본성이 필연적이며 또한 지성으로 알 수 있다는 의미로 말했습니다. 예를 들면, 물질적이고 감각적인 것들은 진정한 의미에서 존재한다고 말할 수 없는데, 이유는 단순합니다. 그

---

**20** 헤시오도스의 신학은 호메로스의 전 작품에 느슨하게 흩어져 있는 신학적 요소보다 훨씬 조직적입니다. 따라서 일부 역사가들은 헤시오도스의 신학이 원시 그리스 신화가 고대 그리스 철학으로 가는 전환 단계를 보여 준다고 생각하는 경향이 강하게 있습니다. 그들의 핵심 주장은 헤시오도스의 『신들의 계보』에 분명히 드러난 합리적 경향이 그리스 신화에 어떤 조직적 통일성 같은 것을 준다는 것입니다(R. K. Hack, *op. cit.*, p. 24에 나오는 다음 책의 해석을 보십시오. L. Robin, *La Pensée grecque* [Paris, 1928], p. 88). 이것은 사실이긴 하지만, 합리적으로 다뤄진 신학도 여전히 신학입니다. 조직적으로 구성된 신화는 느슨한 신화에 비해서는 더 합리적인 신학이지만, 그것이 철학이 되는 데 조금이라도 더 가까이에 있는 것은 아닙니다.

것들은 끊임없이 변화하므로 연속되는 두 순간에 동일성을 유지할 수 없기 때문입니다. 여러분이 그것 중 하나를 알자마자, 그것은 사라지거나 모습이 달라집니다. 그래서 여러분의 지식은 대상을 완전히 잃거나, 대상에 더는 부합할 수가 없습니다. 그렇다면 물질적인 사물들은 어떻게 알 수가 있을까요? 인간은 오직 존재하는 것만 알 수 있습니다. 진정으로 **존재한다는 것**은 비물질적이고, 불변하고, 필연적이며, 지성으로 알 수 있다는 의미입니다. 이것이 바로 플라톤이 **이데아**Idea라고 불렀던 것입니다. 영원하고 지성으로 파악 가능한 이데아는 실재 그 자체입니다. 이러저러한 개별 인간이 아니라, 그들의 변하지 않는 본질입니다. 주어진 개별자 안에 정말로 존재 내지 실존하는 유일한 것은 그 개별자를 동종의 다른 모든 개별자와 다르게끔 하는 특성들의 우연한 조합이 아닙니다. 오히려 진정으로 존재 내지 실존하는 것은 그가 참여하고 있는 그가 속한 종의 영원한 본질입니다. 소크라테스로서 소크라테스, 혹은 칼리아스로서 칼리아스는 진정으로 실재하는 존재가 아닙니다. 그들이 실제로 존재하는 한 소크라테스와 칼리아스는 하나의 동일한 것, 말하자면 **인간 그 자체**Man-in-Himself 혹은 **인간의 이데아**the Idea of Man입니다.

　이것이 플라톤이 실재를 철학적 지식의 대상으로 보았을

때의 실재관입니다. 이제 이러한 철학에서 신이라는 호칭을 누가 받을 만한지 물어봅시다. 만약 더 실재적인 것이 더 신적인 것이라면, 영원한 이데아는 신이라고 불릴 만한 자격이 매우 있습니다. 그렇다면 이데아 중 하나가 다른 모든 이데아 위에 있습니다. 다른 모든 이데아가 그 한 이데아의 가지성可知性에 참여하고 있기 때문입니다. 그것이 바로 선善의 이데아입니다. 하늘의 여러 신 가운데 다른 모두에게 빛의 본질을 나눠 주는 태양이 그들의 주主가 되듯, 선의 이데아는 가지 세계에서 군림합니다. 왜냐하면 모든 존재하는 것은 존재하는 한 선하기 때문입니다. 그렇다면 우리는 플라톤의 철학에서 선의 이데아가 곧 신이라고 결론 내리기를 왜 주저해야 하나요?

저는 그러한 추론의 논리적 타당성을 논박하려는 것이 절대 아닙니다. 플라톤은 그러한 결론을 내렸어야만 했습니다. 심지어 저는 『국가』에서 플라톤이 선의 이데아에 관해 다음과 같이 말하는 유명한 문구를 플라톤 자신의 신에 대한 정의로 해석할 수도 있다고 봅니다. 즉, 선의 이데아는 "모든 아름답고 옳은 것들의 보편적 원인이고, 가시 세계에서는 빛과 빛의 주인을 낳는 모체이며, 가지 세계에서는 이성과 진리의 직접적 원천입니다. 이것은 공적으로나 사적으로나 삶에서 이성적으로 행동하려는 사람이 시선을 고정해야 할 힘입니다."[21] 분명히 이러한 선에 대한 정의보다 그리스도교의 신에 대한 정의와 비슷한 것은 없습니다.[22] 하지만 이를 놓고 다른 사람이 아무리 말을 많이 하더라도, 플라톤 자신이 선을 신이라고 결코 부르지 않았다는 사실은 변하지 않습니다. 플라톤이 선을 신이라고 부르지 않았기에, 플라톤을 이런 식으로 해석하지 않는 것이 더 좋다고 역사가들을 설득하는 것은 거의 가망 없는 일입니다. 플라톤의 비그리스도교 해석가들조차 그의 철학에다 그리스도교 신학을 투영해 읽어 왔습니다. 그래서 그들은 그리스도교 신학은 플라톤 철학의 타락한 편집판에 불과하다는 점을 쉽게 보일 수 있었습니다. 그러나 플라톤이 선의 이데아가 신이라고 결코 말하지 않았다면, 그 이유는 그가 결단코 선을 신이라고 생각하지 않았기 때문일 수 있다고 보는 것이 허용되어야만 합니다. 왜 결국 이데아가 신으로 간주되어야 하나요? 이데아는 인격이 아닙니다. 그것은 심지어 영혼도 아닙니다. 기껏해야 그것은 지성으로 알 수 있는 원인이고, 인격이라기

---

**21** 플라톤, 『국가』 517(*The Dialogues of Plato*, trans. B. Jowett, published with an Introduction by Prof. Raphael Demos (New York, 1937), I, 776 에서 인용함).

**22** A. J. Festugière, O.P., *op. cit.*, p. 191; *Contemplation et vie contemplative selon Platon* (Paris, J. Vrin, 1986). 다음을 참고하십시오. "Le Dieu de Platon," in A. Dies, *Autour de Platon* (Paris, G. Beauchesne, 1927), II, 523-574; *La Religion de Platon*, pp. 575-602.

보다는 사물에 더 가깝습니다.[23]

　일부 근대 학자들이 이 사실을 왜 그토록 받아들이기 힘들게 되었을까요. 수백 년이나 이어진 그리스도교 사상의 영향으로 신들이 최상의 실재가 아닌 세계를 상상하기가 힘들어졌지만, 정작 신은 그들의 세계 안에서 가장 실재적인 것이 아니기 때문입니다. 그러나 플라톤 사상에서 신들이 이데아들에 비해 열등하다는 것은 사실입니다. 예를 들자면, 플라

---

**23**　페스튀지에르(Festugière)에 따르면, 선의 이데아는 "신적인 모든 것 중에 가장 신적"입니다. 따라서, 감각적 사물로부터 최상의 이데아에 이르는 존재의 사다리를 올라가는 이는 결국에는 최초의 **존재**를 파악하게 됩니다. "그는 신을 봅니다"(*L'idéal religieux des Grecs et l'Évangile*, p. 44; p. 54 참고). 페스튀지에르가 자신의 주장을 지지하고자 인용한 『국가』 508a-509c와 517b-c에서는, 태양과 별들이 신들로 불리지만 이데아라고는 소개되지 않습니다. 같은 역사가가 제시한 다른 참조 지점은 『국가』 507b, 『파이돈』 75d-e, 『파르메니데스』 130b와 그 이하, 『필레보스』 15a입니다. 저는 이 문헌 중 어디에서도 플라톤이 이데아에 '신'이라는 이름을 붙인 것을 찾을 수가 없었습니다. 『국가』 508에서 태양의 영혼은 신이지만, 태양은 선의 아들이라 불립니다. 그러나 선을 신이라고 하지는 않습니다. 『파이드로스』 247에서 플라톤은 "만질 수 없는 본질, 오직 정신으로만 볼 수 있는 본질"(Jowett trans., I, 252)을, 그다음 정의, 절제, 지식을 "신적인 지성"을 위한 천상의 관조 대상으로 묘사하지만, 지성만이 신적이라고 불리고 관조의 대상들은 '신들'이라 불리지 않습니다. 『파이돈』 80에서는 육체와는 대조되게 영혼이 "신적"이라고 불립니다. 플라톤은 "영혼은 신과 매우 유사하고, 불멸하고 지성적이며, 단일하고 분해될 수 없고, 변하지 않는다"라는 말을 더합니다(Jowett trans., I, 465). 만약 플라톤이 여기서 다른 신들이 아니라 이데아들에 관해 이야기하는 중이었더라도, 그렇게 가정해야 한다 하더라도, 그는 단지 이데아들은 신들(gods)이 아니라 신적(divine)이라고 말했을 것입니다. 플라톤의 이데아들과 신들을 동일시하는 것은 여전히 역사적 정당화가 요구됩니다.

톤은 태양을 신으로 여겼습니다. 하지만 태양에 관한 그의 가르침에서 태양은 신이지만, 동시에 선의 아들이었습니다. 그런데 선은 신이 아닙니다. 신에 관한 플라톤 고유의 생각을 이해하려면, 먼저 우리가 감각 경험으로 알고 있는 것과 유사한 살아 있는 개별적 존재를 상상해야 합니다. 그러나 그것을 가변적이고, 우연적이며, 사라져 없어질 것으로 상상하지 말고, 지성으로 알 수 있고, 불변하며, 필연적이며, 영원한 것으로 머릿속에 그려야 합니다. 이것이 플라톤에게 신입니다. 요약하자면, 플라톤의 신은 이데아의 모든 근본적 속성이 부여된 살아 있는 개별자입니다. 이것이 플라톤의 이데아는 신god이라기보다는 신적divine이지만, 여전히 신god이 아닌 이유입니다. 만약 우리가 인간을 영혼에 의해 생기를 지닌 몸으로 간주한다면, 인간은 필멸하고 부패합니다. 따라서 인간은 신이 아닙니다. 반면 인간의 영혼만 놓고 보면 가지적 본성을 지닌 불멸하는 살아 있는 개별 존재자입니다. 이런 이유로 인간 영혼들은 신입니다. 우리의 영혼들보다 더 높은 신들이 많이 있지만, 이들 중 어느 것도 이데아는 아닙니다. 플라톤은 올림포스의 신들을 그다지 진지하게 생각하지 않았지만, 그들에게서 인간적인 약함을 정화하여 간직하였습니다. 올림포스 신들 다음으로 국가의 신들이 나옵니다. 그리고 하위 신들도 있고, 다이몬이나 정령들도 있습니다.

영웅들과 "그들 다음으로는 … 법에 지시된 대로 신성한 장소에서 제사를 지내는 사적인 조상 신들"[24]도 있습니다. 플라톤의 세계는 탈레스나 호메로스의 세계만큼이나 신들로 가득 차 있는 것이 분명합니다. 그리고 인간들의 질서가 사물들의 질서와 구분되는 것처럼, 플라톤의 신들은 플라톤의 철학적 원리들과 구분됩니다.

누구나 플라톤의 가르침에서 종교적 특성을 인식하는 까닭은 그의 대화편들에 이러한 신격들의 세계가 현전하기 때문입니다. 플라톤의 변증법적 정화 dialectical purification는 철학자가 몸으로부터 자기를 자유롭게 하고, 지성으로 알 수 있는 이데아들에 더욱 일치하도록 성장하게 합니다. 하지만 변증법적 정화 속에서 플라톤의 종교를 찾으려 해서는 안 됩니다. 엄밀히 말하자면 철학자가 지성의 세계에 도달할 때 자기 영혼을 신으로 만드는 게 아닙니다. 그의 영혼은 그 자체로 신입니다. 엄밀히 말하면 그가 자기 영혼을 불멸하게 만드는 것도 아닙니다. 그의 영혼은 파괴할 수 없는 생명이고,

---

**24** 플라톤, 『법률』 717(Jowett trans., II, 488). 플라톤 학계에는 『티마이오스』(28과 그 이하)에 나오는 소위 창조신(혹은 세계 제작자)이 이데아 중 하나인가라는 고전적인 역사적 문제가 있습니다. 이 문제는 묻지도 말아야 합니다. '창조주'란 영원한 이데아들의 패턴을 따라 일하는 신입니다. 그는 별들과 영혼들을 포함하여 다른 신들을 만드는 신입니다. Cf. 『법률』 X권 889(Jowett trans., II, 631).

그 자체로 불멸합니다. 철학자는 자신의 신성을 기억하고 신이 된 것처럼 행동하는 인간 영혼입니다. 플라톤에게 참 종교는 수많은 신을 향한 경배의 감정으로 구성됩니다. 신은 인간이 기도하는 대상이고, 인간은 개인과 도시에 필요한 일이 있으면 신에게 기원합니다. 철학자로서 플라톤은 『티마이오스』를 씁니다. 종교적인 사람으로서 플라톤은 세계를 묘사하기 전에 여러 신과 여신에게 기원합니다.[25] 다른 여느 사람과 마찬가지로 플라톤도 삶과 운명을 돌봐 주는 인격적인 힘들로 자신이 둘러싸여 있다고 느낄 필요가 있었습니다. 일반적으로 플라톤의 신의 중요한 특성은 인간에게는 섭리가 됩니다.[26] 자신의 신격들이 친근하게 현전하기에 플라톤은 생명 없는 사물들의 혼란스러운 사막 속에서도 자신이 홀로 있다고 느끼지 않습니다. 플라톤은 명백히 탈레스를 따라 말합니다. "모든 것은 신들로 가득하다." 그리고 그는 자신의 신적인 보호자들을 너무나도 대단하게 생각하지 않을 수 없습니다. 『법률』 7권에서 메길로스는 다음과 같이 말합니다. "낯선 이여, 당신은 인간을 매우 낮게 보는군

---

**25** 플라톤, 『티마이오스』 27(Jowett trans., II, 12).

**26** 플라톤, 『법률』 X권 888(Jowett trans,. II, 680). Cf. 『법률』 X권 899~907(II, 641-649). 이 책의 결론은 다음과 같습니다. "신들은 존재하고, 신들은 인간을 돌보고, 신들은 결코 불의를 행하도록 설득될 수 없습니다." 『법률』 X권 907(II, 649).

요." 아테네 인은 이렇게 답합니다. "아니오 메길로스, 놀라지 말고 나를 용납하시오. 나는 인간들을 신들과 비교하고 있었소."[27]

종교에 대한 플라톤의 태도를 담은 이러한 묘사는 그의 가르침의 몇몇 측면을 명확하게 합니다. 또한, 신에 관한 철학적 관념이 출현하는 시점에서 그 관념을 포착하게 해 줍니다. 플라톤은 설명을 위한 철학적 원리로서 이데아를 발명한 것으로 보이지만, 신들을 발명해 내지는 않았습니다. 그의 가르침에서 신들은 그리스 신화의 유산으로 등장하며, 이것이 플라톤의 신화에서 신들이 그토록 폭넓은 역할을 하는 이유입니다. 플라톤은 신들의 존재에 관한 믿음이 매우 오래된 것이고 따라서 존중할 만하다고 거듭 되풀이하며 이야기합니다. 하지만 이처럼 명백하게 전해 내려온 믿음은 이성적인 정당화의 검증을 받아야 합니다. 그리고 플라톤이 신에 대한 믿음을 정당화하는 방식은 매우 도발적입니다. 세계에는 생동적인 것 그리고 스스로 움직이는 것이 있습니다. 이처럼 내부에서 일어나는 자기 발생적인 작동력으로 움직이는 것들을 볼 때마다, 우리는 그들에게 영혼이 있다고 확신할 수 있습니다. 그리고 모든 영혼은 신이기에, 생동

---

**27**　『법률』 VII권 804(Jowett trans., II, 559).

적인 것들 하나하나 안에 신이 거주합니다. 태양을 비롯한 별들이 대표적 사례입니다. 태양과 별들의 영속적인 순환은 그들 안에 어떤 신성이 있음을 증언합니다. 달리 말하면, 플라톤에게 영혼이란 사람들이 자신들의 신 관념을 형성할 때 모방하는 패턴입니다. 인간 영혼이 없다면, 어떻게 여러분은 인간 신체의 자기 발생적인 움직임을 설명할 수 있겠습니까? 그런데 플라톤은 거기다가, 만약 여러분이 각각의 별에 영혼 같은 것을 상정하지 않고서 어떻게 별들의 자기 발생적 운동을 설명할 수 있냐는 질문까지 더합니다. 만일 여러분이 각각의 별에 영혼 같은 것을 상정한다면, 여러분은 또한 모든 별에는 신이 깃들어 있음을 인정해야만 합니다.[28]

아리스토텔레스는 특유의 객관적이고 사실 자체에 집중하는 방식으로, 플라톤의 설명에서 철학적 신 관념의 기원에 관한 가르침을 끌어냅니다. 아리스토텔레스가 말하길, 인간은 자신의 영혼과 별들의 움직임이라는 두 가지 원천에서 신 관념을 도출했습니다.[29] 우리가 호메로스의 신들을

---

**28**  『법률』 VII권 899(Jowett trans., II, 641). Cf. XII권 966-967(II, 700-702). 호메로스와 헤시오도스의 우화적인 신화에 대한 비판으로는 다음을 보십시오. 『국가』 II권 377-378(Jowett trans., I, 641-642).

**29**  Aristotle, "fragment 12," in *Aristotelis Opera* (Berlin, 1870), V, 1475-1476. 꿈과 점패에서 영혼은 자신이 신처럼 행동하는 것과 같아 보입니다. 별들의 질서 있는 운동은 별들이 자신의 움직임과 질서의 원인임을 암시합니다. 이러한 원인 하나하나가 다 신입니다.

기억한다면, 아리스토텔레스가 옳았다는 것이 단번에 드러납니다.

아리스토텔레스의 형이상학은 자연신학의 역사에 새 시대를 여는 사건이라 할 수 있습니다. 오랫동안 지연되었던 철학의 제1원인과 신 개념의 결합이 그의 형이상학 속에서 마침내 이루어졌기 때문입니다. 아리스토텔레스의 우주에서 원동자 the prime mover는 또한 우주의 최고 신 the supreme god 이기도 합니다. 따라서 철학의 제1원인이자 세계의 최고 원인이 신이 된다는 것은 상당한 소득이었습니다. 반대로 신들 가족 전체가 수많은 철학적 원리가 된 것은 그리스 신들에게 가장 위험한 모험이었습니다. 올림포스의 옛 신들이 관심사에서 사라졌다는 것은 철학만이 아니라 종교에서도 손실이 아니라 이득이었습니다. 신들에게 여전히 남겨진 진정한 위험은 그들의 신성 자체를 잃어버리는 일이었습니다.

아리스토텔레스의 세계는 언제나 있었고 앞으로도 있을 것입니다. 그것은 영원히 필연적이며, 필연적으로 영원한 세계입니다. 따라서 우리에게 문제가 되는 것은 어떻게 세계가 존재하게 되었는지가 아니라, 그 속에서 무엇이 일어났고 결과적으로 그것이 무엇인가를 이해하는 일입니다. 아리스토텔레스의 우주에서 정점에 있는 것은 이데아가 아니라 자립적이고 영원한 사유 **활동**입니다. 그것을 **사유**, 즉 자기를 사유하는 신적인 **사유**로 부르기로 합시다. 신 밑으로는 동심원으로 된 천체들이 있습니다. 각각의 천체는 그 자체가 고유한 신인 고유한 지성에 의해 영원히 움직입니다. 이러한 천체의 영원한 운동에서 지상 모든 것의 생성과 부패, 즉 탄생과 죽음이 영원히 일어납니다. 분명히 이러한 가르침에서는 세계에 대한 신학적 해석이 철학적이고 과학적인 설명과 다르지 않습니다.[30] 여기서 이런 질문을 던질 수 있습니다. 우리는 여전히 종교를 가질 수 있을까? 자기를 사유하는 순수 **활동**pure Act은 영원히 자기를 생각하는 것이지, 결코 우리를 생각하는 것이 아닙니다. 아리스토텔레스의 최고신은 우리의 세계를 만들지 않았습니다. 심지어 그 신은 자신과 다른 세계를 모릅니다. 결과적으로 그 신은 세계 안에 있는 어떤 존재나 사물들을 보살피지도 못합니다. 인간 개개인에게 자신만의 영혼이 부여된 것은 사실입니다. 하지만 이러한 인간 영혼은 플라톤 철학의 영혼처럼 불멸의 신이 아닙니다. 인간 영혼은 물질로 되어 부패할 수 있는 몸의 물리적 형상과 함께 없어질 운명입니다. 아마도 우리는 아리스토텔레스의 신을 사랑해야겠지만, 이 신이 우리를 사랑하지 않는다면 무슨 소용입니까? 때때로 소수의 현자가 찰나

---

**30**  아리스토텔레스의 자기를 사유하는 **사유**에 관해서는 다음을 보십시오. 아리스토텔레스, 『형이상학』 XI권 vii장과 ix장.

의 순간 동안 신적인 관조의 영원한 참행복에 참여하기도 합니다. 그러나 심지어 철학자들이 아득히 먼 곳에서 최고의 진리를 일별하는 데 성공하더라도 그들의 참행복은 잠시뿐이며, 그러한 철학자도 드뭅니다. 진정으로 현명한 사람들은 신이 되려고 하지 않습니다. 오히려 그들은 도덕적이고 정치적인 삶을 위한 실천적 지혜를 얻고자 합니다. 신은 자신의 하늘에 있습니다. 세상을 돌보는 것은 인간의 일입니다. 그리스인들은 아리스토텔레스와 함께 명백히 이성적인 신학을 얻었지만, 그들의 종교는 잃었습니다.

그리스 신들은 철학자들 덕분에 지상의 일을 돌보는 것에서 자유로워지자, 이전에 가졌던 인간과 인간 운명에 관한 관심을 단번에 포기한 것처럼 보입니다. 그리스 신화의 유명한 신들이 종교적 기능을 행사하는 것을 멈추지는 않았습니다. 하지만, 철학자들이 이성화한 신들에게는 수행해야 할 종교적 기능이 더는 없었습니다. 예를 들면, 에피쿠로스의 가르침에서 신들은 너무나 많이 있는 영원한 물질적 존재일 뿐입니다. 이러한 신들의 완벽한 복락은 그들이 다른 어떤 것에 대해서도, 특히 인간들에 대해서 걱정할 필요가 없다는 데 있습니다.[31] 위대한 스토아 철학자들의 경우를 보자면,

---

**31** 에피쿠로스의 신 관념에 남아 있는 아리스토텔레스적 요소에 관해서는 다음의 탁월한 설명을 보십시오. A. J. Festugière, O.P., *op. cit.*, p. 68.

그들의 작품을 읽을 때 거의 모든 장에서 신의 이름을 마주하지 않는 것이 불가능합니다. 그러나 우주를 만든 물리적 요소인 불이 아니라면 그들의 신은 무엇입니까? 신 덕분에 세계는 하나입니다. 우주 전체에 퍼져 있는 조화 혹은 공감이 부분들을 함께 엮어 줍니다. 그리고 우리 하나하나가 우주의 수많은 부분 중 일부로서 그 안에 있습니다. "모든 것으로 이루어진 하나의 우주가 있고, 모든 것 안에 내재한 하나의 신이 있으며, 하나의 실체, 하나의 법칙이 있고, 모든 지성적 피조물에 공통된 하나의 이성이 있으며, 하나의 진리가 있습니다." 제우스의 도시에서처럼, 우리가 세계 안에 있기에 세계를 사랑하는 것은 우리가 반드시 따라야 할 가장 현명한 길입니다.[32] 그러나 세계를 좋아하든 좋아하지 않든 우리는 세계의 법칙의 필연성에 굴복해야만 합니다. 마르쿠스 아우렐리우스는 다음과 같이 말합니다. "세계원인은 하나의 급류입니다. 그것은 모든 것을 휩쓸어 버립니다."[33] 그는 또한 말합니다. "우주의 본성은 세계를 창조해야만 한다고 느꼈습니다. 지금 존재하게 된 모든 것은 자연적 연쇄

---

**32** 마르쿠스 아우렐리우스, 『명상록』. 그리스어 본문과 영어 번역이 실린 다음 판본을 사용하였습니다. C. R. Haines, *The Communings with Himself of Marcus Aurelius* (London, 1916), Loeb Classical Library. Cf. VII권 9(영역본 p. 169)와 IV권 23(영역본 p. 81).

**33** 『명상록』 IX권 29(영역본 pp. 247-248).

를 따라 있게 되었습니다. 아니면, 우주를 지배하는 이성이 스스로 충동을 느끼는 대상인 가장 뛰어난 것들마저도 지성이 전혀 없을 것입니다. 이것을 상기하십시오. 그러면 당신은 여러 문제를 더 큰 평온함 속에서 마주할 것입니다."[34]

흔히들 마르쿠스 아우렐리우스에게는 마땅한 신이 없었다고 말합니다. 어쩌면 마르쿠스 아우렐리우스에게 신이 전혀 없었다고 말하는 것이 더 정확할지 모르겠습니다. 그에게 신을 향한 경건은 단지 피할 수 없다고 생각한 것을 현명하게 체념하는 것일 뿐입니다. "잠시면 당신은 모든 것을 잊어버릴 것입니다. 잠시면 모든 것이 당신을 잊어버릴 것입니다."[35] 위대한 스토아 철학자의 이러한 말은 그리스 지혜의 마지막 말이자, 종교를 상실하지 않고서는 세계에 대한 포괄적인 철학적 설명을 만들어 낼 수 없는 그리스인들의 실패를 분명히 나타냅니다. 앞의 내용에 비추어 볼 때 그들이 실패한 이유는 가까이에 있습니다. 세계에 대한 그리스의 철학적 해석은 하나의 확실한 본성이 무엇인지를 밝혀

---

『명상록』 VII권 75(영역본 p. 197).

『명상록』 VII권 22(영역본 p. 178). 마르쿠스 아우렐리우스의 사상에서도 신들은 인간을 돌보고 악으로부터 보호하고자 최선을 다하는 우호적인 힘들로 실존합니다(예를 들면 II권 11[영역본 pp. 82-35]). 그러나 마르쿠스 아우렐리우스의 가르침에서 신들은 극히 작은 역할만 담당합니다. 심지어 신들의 선의마저 그에게 절망에 가까운 체념 이상의 기운찬 감정을 유발하지 못합니다.

본성들이 무엇인지를 설명하는 것입니다. 달리 말하면, 한결같이 그리스인들은 그 자체가 사물로 간주될 수 있는 하나 혹은 몇 가지 원리를 통해 모든 사물을 설명하고자 노력했습니다. 이제 사람들은 제우스처럼 완전히 공상 속 존재에서 금송아지 같이 완전히 말도 안 되는 것에 이르기까지 어떠한 살아 있는 존재라도 예배하라고 요구받을 수 있습니다. 누군가 있기만 하면, 혹은 누군가로 착각할 수 있는 무언가라도 있기만 하면, 결국 예배의 대상이 될 수 있습니다. 사람들이 도저히 할 수 없는 일은 사물을 예배하는 일입니다. 그리스 철학이 마지막에 이르렀을 때, 자연신학의 진보에 절실히 필요했던 것은 형이상학의 진보였습니다. 그러한 철학적 진보는 기원후 4세기라는 이른 시기에 이뤄졌습니다. 하지만 희한하게도 형이상학은 종교의 영향 아래에서 앞으로 나아가야 했습니다.

# II

# 신과 그리스도교 철학

그리스 철학자들은 철학적 가지 세계 내에서 신에게 어떤 자리를 줄지 궁리했습니다. 반면, 유대인들은 이미 철학 고유의 물음에 답을 제공한 신을 발견했습니다. 그들의 신은 시인이 상상한 신도, 사상가가 형이상학적 문제에 대한 궁극의 답으로 발견한 신도 아니었습니다. 그 신은 자신을 유대인에게 계시했고, 자기 이름을 그들에게 말해 주었습니다. 그리고 신의 본성을 인간이 이해할 수 있는 범위 내에서 스스로 설명해 줬습니다.

유대인의 신의 첫 특성은 유일성unicity이었습니다. "너, 이스라엘아 들어라. 우리 신은 **주님**이시다. **주님** 한 분뿐이시다."[1] 이보다 더 적은 단어나 더 단순한 방식으로 이보다 막

대한 영향을 끼치는 혁명을 이루는 것은 불가능합니다. 모세는 이러한 진술을 하면서 이후에 합리적 정당화 과정을 통해 뒷받침될 형이상학적 원리를 만든 것이 아닙니다. 모세는 그저 영감을 받은 예언자로서 이야기하고 있었고, 유대인들의 유익을 위해 앞으로 그들이 예배할 유일한 예배 대상을 정의하고 있었습니다. 그러나 이 진술은 원래 본질상 종교적이었지만 중대한 철학적 혁명의 씨를 품고 있었습니다. 제1원리와 세계의 원인에 대해 깊이 생각해 본 적 있는 철학자가 유대인의 신을 진정한 신으로 간주했다고 가정해 봅시다. 그렇다면 그는 최소한 신을 자신의 최고의 철학적 원인과 동일시해야 한다는 압박을 필연적으로 느끼게 됩니다. 달리 말하면, 그리스 철학자들은 실재가 하나라고 생각했기에, 다수의 신들을 하나의 실재에 맞추는 것이 어려웠습니다. 반면 유대인의 신을 따르는 사람이라면 실재 자체의 본성이 무엇이든 간에, 실재의 종교적 원리가 실재의 철학적 원리와 필연적으로 일치한다는 점을 즉각 알았을 겁니다. 철학적 원리와 종교적 원리는 하나이기에, 둘은 같아야만 하고 세계에 관한 하나의 동일한 설명을 제공해야 합니다.

모세가 유일하고 참된 신의 실존을 유대인들에게 선포했

---

1    신명기 6:4.

을 때, 그들은 한순간도 자신들의 **주님**이 어떤 사물일 것이라고 생각하지 않았습니다. 분명 그들의 **주님**은 어떤 인격적 존재였습니다. 또한, 그 신은 유대인들의 신이었기에, 그들은 이미 그분을 알았습니다. 유대인들은 그를 선조들의 **주님**이신 신, 곧 아브라함과 이삭과 야곱의 신으로 알았습니다. 시간 속에서 거듭하여 신은 자기 백성을 돌보고 있다는 것을 유대인들에게 입증했습니다. 그들이 신과 맺는 관계는 언제나 인격적이었습니다. 말하자면 인격과 인격 사이의 관계였습니다. 신에 관해 유대인들이 여전히 알고 싶었던 한 가지는 신을 어떻게 불러야 하는지였습니다. 사실 모세조차도 유일한 신의 이름을 알지 못했습니다. 그러나 모세는 유대인들이 자신에게 그 신의 이름을 물을 것이라고 생각했습니다. 모세는 신의 진정한 이름을 발견하고자 깊은 형이상학적 명상에 들어가지 않았습니다. 대신 그는 전형적인 종교적 지름길을 택했습니다. 그저 모세는 신에게 이름을 물었습니다. 모세가 말했습니다. "제가 이스라엘 자손들에게 가서, '너희 조상들의 신께서 나를 너희에게 보내셨다' 하고 말하면, 그들이 저에게 '그분 이름이 무엇이오?' 하고 물을 터인데, 제가 그들에게 무엇이라고 대답해야 하겠습니까?" 신께서는 모세에게 '나는 있는 나다' 하고 대답하시고, 이어서 말씀하셨다. '너는 이스라엘 자손들에게 '있는 나께서 나를 너희에게 보내셨다' 하여라."[2] 이렇게 두루 알려진 유대인들의 신의 이름은 야웨인데, 야웨가 '있는 나'He who is를 뜻하기 때문입니다.

여기서 철학사가들은 그들이 줄곧 받아들이기 힘들어한 사실에 다시 부딪힙니다. 철학의 역사에서 새로운 시대를 열었지만 전혀 철학적이지 않은 진술과 만납니다. 유대인 천재는 철학적 천재가 아니라 종교적 천재였습니다. 그리스인들이 철학에서 우리의 스승이었다면, 유대인들은 종교에서 우리의 스승이었습니다. 유대인이 종교적 계시를 자기들끼리 가지고 있었을 때는 철학에 아무 일도 일어나지 않았습니다. 그러나 복음 선포 덕분에 유대인의 신은 선택된 민족의 사적인 신에 머물지 않고 모든 인류의 보편적 신이 되었습니다. 그리스 철학에 조금이라도 익숙한 사람이 그리스도교로 개종한다면, 그는 새로운 종교적 신념이 가지고 온 형이상학적 함의를 알아챌 수밖에 없습니다. 그의 철학의 제1원리는 종교적 제1원리와 하나여야 했습니다. 신의 이름이 "나는 있다"I am이기에 그리스도교 철학자는 "나는 있다"를 철학에서도 제1원리이자 모든 것의 최고 원인으로 삼아야 했습니다. 오늘날 우리의 현대적인 용어를 사용해서 그

**2**     탈출기출애굽기 3:13-14(가톨릭 성경).

리스도교 철학은 그 자체로 실존적existential이라고 말하기로 합시다.

심지어 가장 초기의 그리스도교 사상가들마저 이 점을 포착하였다는 것이 매우 중요합니다. 교육받은 그리스인들이 처음에 그리스도교로 개종하였을 때, 호메로스의 올림포스 신들은 이미 철학자들의 계속된 비판으로 신화적 상상의 산물로 여겨졌고 신빙성을 잃은 상태였습니다. 그러나 바로 이 철학자들은 자신들의 끝없는 모순 상태를 세상에 보여줌으로써, 자신들에 대한 신뢰 또한 완전히 땅에 떨어뜨렸습니다. 그중 가장 위대한 사람들이 자기 능력을 최대한 발휘하더라도 자신들이 모든 것의 최고 원인으로 고수해야 했던 것을 정확하게 진술해 내지 못했습니다. 예를 들면 플라톤이 보기에는 언제나 생성되고 있기에 결코 실제로는 존재하지 않는 현실의 요소들로는 존재하는 모든 것에 관한 궁극적인 철학적 설명이 불가능했습니다. 그에게 그러한 궁극적 설명은 생성이 없기 때문에 진정으로 존재 내지 실존하는 무언가에 달려 있음이 확실해 보였습니다. 3세기에 쓰인 것으로 알려진 저자 미상의 『그리스인을 위한 권고』Hortatory Address to the Greeks에 나와 있듯이, 플라톤이 말한 것과 그리스도인이 말하고 있는 것은 거의 다를 바 없습니다. "즉, 모세가 '있는 나'He who is를 말했다면 플라톤은 '있는 것'That which is을 말했다는 한 가지 점에서만 차이가 날 뿐"입니다. 그리고 "두 표현 모두 신의 실존에 적용되는 것처럼 보인다"[3]는 것은 사실입니다. 만약 신이 '있는 나'라면, 그는 또한 '있는 것'입니다. 누군가라는 것은 무언가이기도 하기 때문입니다. 하지만 그 역은 사실이 아닙니다. 누군가라는 것은 무언가라는 것보다 훨씬 많은 것을 담고 있기 때문입니다.

우리는 그리스 사상과 그리스도교 사상, 즉 그리스 철학과 그리스도교 철학의 경계선에 있습니다. 그 자체로만 보면 그리스도교는 철학의 한 종류가 아닙니다. 본래 그리스도교는 그리스도를 통한 인간의 구원에 관한 종교적 가르침입니다. 그리스도교 철학은 그리스 철학과 유대-그리스도교의 종교적 계시가 만나는 시점에 일어났습니다. 이때 그리스 철학은 세계에 관한 합리적 설명을 위한 기술을 제공하고, 유대-그리스도교 계시는 헤아릴 수 없는 철학적 의미를 지닌 종교적 신념을 제공하였습니다. 그리스도교 철학부터 근대 철학까지의 역사 전체를 관통하는 핵심은, 기원후 2세기부터 근대까지의 사람들이 그리스 철학자들은 결코 생각하지 않았던 바를 표현하고자 그리스의 철학적 기법을 사용

---

**3**   *Horatatory Address to the Greeks*, chap. xxii, 순교자 유스티누스의 작품들과 함께 출판되었습니다. Justin Martyr, *Horatatory Address to the Greeks*, in *The Ante-Nicene Fathers* (Buffalo, 1885), I, 272. Cf. É. Gilson, *L'Esprit de la philosophie médiévale* (Paris, J. Vrin, 1932), I, 227, n. 7.

해야 했다는 사실입니다. 여기서 근대까지 포함하여 언급한 것은 그리스도교 사상의 흔적이 근대 철학에 배어 있기 때문입니다.

이것은 결코 쉬운 과업이 아니었습니다. 그리스인들은 플라톤이나 아리스토텔레스의 자연신학보다 더 나간 적이 없습니다. 이것은 그들이 지적으로 나약해서가 아니라, 반대로 플라톤과 아리스토텔레스 둘 다 인간의 이성만으로 도달할 수 있는 데까지 탐구했기 때문입니다. 그리스도교의 계시는 존재하는 모든 것의 최고 원인인 누군가, 곧 "나는 있다"라는 말로 가장 잘 표현될 수 있는 누군가를 상정합니다. 이렇게 상정함으로써 그리스도교의 계시는 실존을 실재의 가장 깊은 층이자 신성의 최고의 속성으로 확립하고 있었습니다. 그 결과 세계 자체를 고려할 때 세계의 실존 자체에 관한 완전히 새롭고 더 심오한 문제가 떠올랐습니다. 그것을 다음과 같이 표현할 수 있습니다. 실존한다는 것은 무엇인가? B. J. 뮬러-팀Muller-Thym 교수가 적절히 언급했듯이, 그리스인이 단순히 '본성이 무엇인가?' 하고 물었다면, 그리스도인은 도리어 '존재란 무엇인가?' 하고 물었습니다.[4]

그리스의 철학적 사변과 그리스도교의 종교적 신앙이 만

---

**4**　B. J. Muller-Thym, *On the University of Being* in *Meister Eckhart of Hochheim* (New York, Sheed and Ward, 1939), p. 2.

나 새로운 시대가 열리는 계기가 있었습니다. 그것은 그리스 도교로 이미 개종했던 젊은 아우구스티누스가 몇몇 신플라톤주의자의 작품들, 특히 플로티노스의 『엔네아데스』를 읽을 때였습니다.[5] 아우구스티누스는 거기서 순전한 플라톤 철학이 아니라, 플라톤과 아리스토텔레스와 스토아 철학의 독창적인 종합을 발견했습니다. 플로티노스가 플라톤 사상을 빌려온 부분을 보면 『국가』에서 설명된 선의 이데아를 나중에 플라톤의 『파르메니데스』에 나오는 **일자**the One라는 또 다른 수수께끼 같은 원리와 동일시했습니다. 플로티노스는 형이상학적 체계의 핵심을 『파르메니데스』 대화편의 결론에서 발견한 것 같습니다. "그렇다면 한마디로 '만약 일자가 존재하지 않는다면 아무것도 없다'고 한다면, 맞을까요?―물론입니다."* 정말로 일자가 있고, 일자 없이 다른 것이 있을 수 없다고 해 봅시다. 그러면 전체 세계의 실존은 필연적으로 영원히 존속하는 어떤 **단일성**Unity에 의존해야만 합니다.

---

**5** 역사적 사실에 관한 다양한 해석에 대한 좋은 소개로 다음을 보십시오. Charles Boyer, S. J., *La Formation de saint Augustin* (Paris, Beauchesne, 1920). 역사적으로 입증될 수도, 반박될 수도 없는 심리적 가설들이 포함되어 있는 것이 이 문제의 본질입니다. 제가 개인적으로 설득력 있다고 생각하는 것은 이 문제에 관한 C. 보이어(Boyer)의 관점입니다. 그러나 누구도 알파릭(Alfaric)이 자신의 해석을 지지하고자 서문에서 전개한 주장을 세심히 따져 보지 않고서 이러한 가설들을 받아들여서는 안 됩니다.

● 편집자 주: 플라톤, 『파르메니데스』 166.

그렇다면 우리가 일자라고 부를 제1원인을 플로티노스와 함께 상상해 봅시다. 엄밀히 말하자면, 일자는 기술될 수 없기에 이름을 붙일 수가 없습니다. 일자를 표현하려는 모든 시도는 필연적으로 어떠한 판단으로 이어지기 마련입니다. 그런데 하나의 판단은 여러 단어로 이루어집니다. 따라서, 우리는 일자의 단일성을 다수성 같은 것으로 바꾸지 않고는, 즉 일자의 단일성을 파괴하지 않고서는 일자가 무엇인지 말할 수 없습니다. 그렇다면 일자에 관해 다음과 같이 말해야 합니다. 일자는 다른 수들로 구성된 것에 포함될 수 있는 하나의 수도 아니고, 다른 수들의 종합도 아닙니다. 일자는 모든 다수성이 거기로부터 나오는 자립적 단일성입니다. 다수성은 이 단일성에서 나오지만, 일자의 절대적 단순성 simplicity에 조금도 영향을 끼치지 않습니다. 일자의 생산성으로부터 제1원리보다는 열등한 제2원리가 태어납니다. 하지만 일자와 같이 제2원리도 영원히 존속하며, 일자와 마찬가지로 뒤따라 나올 모든 것의 원인이 됩니다. 이것의 이름은 **지성**Intellect입니다. 일자와 달리 지성은 알 수 있는 모든 것에 대한 자립적인 지식입니다. 지성은 앎의 주체이면서 동시에 앎의 대상이기에, 지성은 일자와 가까이 있을 수 있는 데까지 가까이 있습니다. 그러나 지성은 모든 지식에 내재하는 주체와 대상이라는 이원성에 영향을 받으므로 일자가 아님니다. 따라서 지성은 일자보다 열등합니다.

우리가 가진 역사적 문제를 올바로 이해하려면 지성의 여러 속성 중 두 가지가 특히 중요합니다. 지성이 알 수 있는 모든 것에 대한 영원히 지속하는 인지라는 점에서, 정의상 플로티노스에게 지성은 모든 이데아가 있는 장소입니다. 이데아들은 다수의 알 수 있는 것들의 단일성인 지성 안에 있습니다. 이데아들은 일자의 생산성에서 나온 지성의 생산성에 참여합니다. 요약하자면, 지성은 영원히 자기로부터 흘러나오는 개별적이고 구분된 모든 존재의 다수성을 가졌다는 점에서 거대합니다. 이러한 점에서, 지성은 신이자 모든 다른 신의 아버지입니다.

지성의 두 번째 특성은 앞서 언급한 속성에 비해 포착하기가 더 어렵지만, 더 중요하다고 할 수 있을 것 같습니다. 뭔가가 있다고 우리가 말할 수 있는 때는 언제일까요? 이해 행위로 어떤 것이 다른 것과 구분된다는 것을 파악하자마자입니다. 달리 말하면, 실제로 아무것도 이해된 게 없다면 아무것도 존재하지 않습니다. 이는 존재가 플로티노스 철학에서 제2원리인 지성 안에서, 지성에 의해서, 지성과 함께 처음 나타난다는 말과 같습니다. 이것들이 플로티노스식 우주에서 두 가지 최고 원인입니다. 최상위에는 플라톤의 『파르메니데스』의 일자가 있습니다. 아리스토텔레스의 자기를 사유하는 사유가 일자 바로 밑에 있고, 일자로부터 태어납니다. 플로티노스는 이를 정신Nous 혹은 지성이라 불렀고, 이것을 플라톤의 이데아들의 장소라고 생각했습니다. 이것이 아우구스티누스가 해결하고자 했던 문제의 주재료입니다. 그리스도교의 신을 어떻게 플로티노스의 철학에서 빌려온 용어로 설명할 수 있을까요?

우리가 이 문제를 역사가로서 바라본다면, 특별히 1500년의 역사를 통해 본다면, 만족할 만한 해답이 없다고 단언하고픈 충동부터 느끼게 됩니다. 아마 만족할 만한 해답이 없을 겁니다. 하지만 우리는 인간의 마음이 창조한 것들은 역사적 설명을 주도하는 분석적 법칙을 따라 만든 것이 아님을 기억해야만 합니다. 우리가 보기에 엄청난 어려움으로 점철된 문제를 아우구스티누스는 결코 문제로 지각하지 않았습니다. 그는 문제의 해결책만을 의식했습니다.

세대를 거듭하며 역사가들은 이 놀랍고도 어떤 면에서는 설명 불가능한 현상에 몰두했습니다. 여기에 생애 처음으로 플로티노스의 『엔네아데스』를 읽은, 그리스도교로 개종한 젊은이가 있습니다. 거기서 그는 핵심 속성을 모두 지닌 그리스도교의 신을 즉각 발견했습니다. 일자가 그리스도교의 삼위일체 신의 첫 위격인 성부가 아니라면 누구인가요? 그리고 정신 혹은 지성이 그리스도교의 삼위일체 신의 두 번째 위격, 즉 성 요한의 복음서 도입부에 나타나는 **말씀**이 아니라면 누구인가요? "거기서 저는 표현은 다르지만 여러 다양한 이유에서 같은 취지로 이야기하고 있는 것을 읽었습니다. '한처음에 말씀이 계셨다. 말씀은 신과 함께 계셨고 신과 똑같은 분이셨다.'"[6] 요약하자면, 아우구스티누스는 『엔네아데스』를 읽자마자 성부 신, 말씀 신, 피조 세계라는 그리스도교의 세 가지 핵심 관념을 발견했습니다.

아우구스티누스가 이를 『엔네아데스』에서 발견했다는 것은 논쟁의 여지가 없는 사실입니다. 이러한 개념들이 『엔네아데스』에 없다는 것도 거의 논쟁의 여지가 없는 사실입니다. 플로티노스의 세계와 그리스도교의 세계가 얼밀히 말하면 서로 비교할 수 없을 만큼 다르다는 것이 근본 이유입니다. 두 세계의 형이상학적 구조가 본질적으로 다르기에, 이쪽의 한 지점을 저쪽의 한 지점과 서로 견줄 수 없습니다. 플로티노스는 기원후 3세기에 살았지만, 그의 철학적 사유는 그리스도교와 완전히 이질적이었습니다. 플로티노스의 세계는 그리스의 철학적 세계였습니다. 그 세계는 본질에 따라 엄밀하게 운행이 결정된 자연들로 구성됩니다. 우리가

---

**6**    성 아우구스티누스, 『고백록』 VII권 ix장 13, trans. by the Rev. Marcus Dods, in "The Works of Aurelius Augustine" (Edinburgh, 1876), XIV, 152-153.

'그'ᵃ ᴴᵉ라고 지칭하기가 어려운 플로티노스의 일자만 하더라도 그것ᵃ ᴵᵗ의 방식에 따라 존재하고 작동합니다. 우리가 일자를 일자 외의 것들과 비교하더라도 일자 내지 **선**은 전적으로 자유롭습니다. 왜냐하면 다른 모든 것은 그에게 의존함으로써 존재하지만, 제1원리인 자신은 다른 어떤 것에도 의존하지 않기 때문입니다. 반면, 자기 안에 충만히 머무는 일자는 자기의 고유한 본성에 의해 엄격히 결정됩니다. 일자는 자기가 존재해야 하는 대로 있을 뿐만 아니라, 필연적으로 자기가 존재해야 할 바에 따라 활동합니다. 따라서 플로티노스의 우주는 일자에 의해 모든 것이 자연적이고 영원하고 필연적으로 발생한 것이고, 이는 전형적으로 그리스적입니다. 모든 것이 영원히 일자에게서 일자 자신이 알지도 못하는 파장처럼 흘러나옵니다. 일자는 사유 위에, 존재 위에, 존재와 사고의 이중성 위에 있기 때문입니다. 플로티노스도 일자에 관해 이렇게 말했습니다. "자기 위에 아무것도 없고, 영원히 자신인 스스로 있는ᵘⁿᵇᵉᵍᵒᵗᵗᵉⁿ 원리라면, 그가 생각을 해야 하는 이유가 무엇이겠습니까?"[7]

플로티노스의 질문에 대한 우리의 대답은 다음과 같습니다. 일자가 그래야 할 아무 이유도 없습니다. 바로 덧붙이자

---

**7**    Plotinos, *Enneads*, VI, 7, 87, in "Complete Works," trans. by Kenneth Sylvan Guthrie (Alpine, N. J., Platonist Press), III, 762.

면 이것만으로도 플로티노스의 신이 그리스도교의 신이 될 수 없고, 플로티노스의 세계가 그리스도교적 세계가 될 수 없는 충분한 이유가 됩니다. 플로티노스적 우주에서는 신이 최상의 실재도 아니고, 가지성의 궁극적 원리도 아닙니다. 이러한 우주는 전형적인 그리스적 우주입니다. 이것은 형이상학적으로 중요한 결과를 가져왔습니다. 제1원인과 나머지 모든 것을 구분하는 경계선은 일자의 철학에서와 존재의 철학에서 서로 일치하지 않게 되었습니다. 아무것도 자기를 스스로 낳지 못하기에, 일자가 낳는 것은 일자 아닌 다른 무엇이어야 합니다. 따라서 일자가 낳은 것은 필연적으로 다자**여야 합니다. 이것은 플로티노스주의의 최고 신인 지성에게도 적용됩니다. 플로티노스주의는 탄생하지 않은 유일한 원리인 일자로부터, 일자 이외의 나머지 전체를 구성하는 탄생한 다수를 분명하게 나눕니다. 일자로부터 나온 모든 존재 속에 첫 번째 신인 지성이 있고, 그 뒤로 두 번째 신인 최고 영혼이 있습니다. 그리고 인간의 영혼을 비롯한 다른 모든 신이 뒤따릅니다. 달리 말하면, 한편에는 일자 혹은 선, 다른 한편에는 일자가 아니기에 다수로 존재하는 것이 있습니다. 본성에 있어 양쪽 사이에는 철저한 차이가 있습니다. 이와는 달리, 일자가 아니지만 존재 내지 실존하는 것들 사이에는 정도의 차이만 있을 뿐입니다. 우리도 지성 및 최고 영혼과 같은 형이상학적 계층에 속합니다. 우리도 그들처럼 신이고, 그들처럼 일자로부터 태어났습니다. 그들이 일자와 비교하면 열등한 것처럼, 우리는 그들에 비해 열등합니다. 그들에 비해 우리는 각각의 다수성의 정도에 비례해 열등합니다.

그러나 '있는 나'라는 참 이름을 가진 신이 최고 원인인 그리스도교의 형이상학에서는 그렇지 않습니다. 어떤 제한도 없이 있는 그대로로 여겨지는 순수 실존 **활동**은 필연적으로 존재할 수 있는 모든 것입니다. 우리는 심지어 그러한 신이 지식이나 사랑 혹은 다른 무언가를 가지고 있다고 말할 수조차 없습니다. 신은 그 자체로 있습니다. 신이 있을 수 있는 모든 것이 아니라면, 신은 '있는 나'나는 나로 불릴 수 없고 무언가를 덧붙여서 규정되어야 하기 때문입니다. 그리스도교 신앙의 가르침 같이 만약 신이 자신의 무한한 생산성 덕분에 뭔가를 낳는다면, 신은 반드시 다른 누군가, 즉 또 다른 인격을 낳지, 또 다른 무엇, 즉 또 다른 신을 낳지 않습니다. 만약 신이 또 다른 신을 낳는다면, 절대적 실존 활동이 두 개가 있게 됩니다. 이 경우 각각의 절대적 활동이 존재의 총체성을 포함할 것이고, 이것은 말이 안 됩니다. 반면 그리스도교에서 말하는 신이 실제로 존재 내지 실존한다면, 그 신의 자기 충족성은 너무나 완벽하여 다른 무언가가 존재할 필연성이 전혀 없습니다. 아무것도 그에게 더해질 수 없습니다. 아무것도 그에게서 빠질 수 없습니다. 그리고 아무것도 그가 아닌 이상 그의 존재에 관여할 수 없기에, '있는 나'는 영원히 자기의 완전성과 자기의 복을 충만하게 향유할 것입니다. 다른 누구에게나 다른 어떤 것에 존재를 부여할 필요가 없습니다.

그러나 신이 아닌 무언가가 있다는 것은 사실입니다. 예를 들면 인간은 그러한 절대적 실존이라는 영원한 활동이 아닙니다. 있지 않았을 수도 있고 어떤 시점에 있지 않게 될 수도 있다는 점에서, 신과는 철저히 다른 존재들이 있습니다. 따라서 이들이 존재 내지 실존한다는 것은 신이 존재 내지 실존하는 것과 전혀 다릅니다. 이들은 어떤 열등한 종류의 신으로 있는 것이 아닙니다. 정확히 말하면 전혀 신이 아닌 것으로 있습니다. 이러한 유한하고 우연적인 존재들이 있음을 설명하는 유일한 방법은 그들이 '있는 나'로부터 실존을 자유롭게 부여받았다는 것입니다. 신의 존재는 절대적이고 총체적이기에 그것은 특별하기도 합니다. 유한하고 우연한 존재자들은 그러한 신의 실존의 일부분으로서가 아니라, 영원히 그 자체로 '있는 나'에 대한 유한하고 부분적인 모방으로서 존재를 부여받습니다. '있는 나'가, 그 자체로는 있지 않은 무언가를 존재하게 하는 이 활동을 그리스도교 철학에서는 '창조'라고 부릅니다. 그리스도교의 신이 낳은beget 모든 것은 필연적으로 신의 하나임oneness에 참여합니다. 하지만, 신의 하나임에 참여하지 못한 것은 필연적으로 난 것이 아니라 창조된not begotten but created 것이라는 사실이 여기서 나옵니다.

사실 이것이 성 아우구스티누스의 그리스도교 세계입니다. 한쪽에는 단일하면서 스스로 존재하는 실체인 인격 셋이 하나인 신이 있습니다. 다른 한쪽에는 존재를 부여받았기에 신이 아닌 모든 것이 있습니다. 플로티노스의 경계는 일자와 일자로부터 난 것 사이를 나눕니다. 반면, 그리스도교는 신 및 신이 낳은 말씀과 신에 의해 창조된 모든 것을 나누는 경계를 그립니다. 거기서는 신의 피조물인 인간은 신적 질서에서 배제됩니다. '있는 나'와 우리 사이에는 무한한 형이상학적 골이 놓여 있습니다. 본유적으로 필연성이 결핍된 우리의 실존과 달리 신의 실존은 완전한 자기 충족이기에, 그 골은 신과 우리의 실존을 떼어 놓습니다. 신적 의지의 자유로운 활동을 제외하고는 어떠한 것도 이러한 골을 넘어갈 수 없습니다. 이것이 성 아우구스티누스 이래로 오늘날까지 인간의 이성이 초월적인 신에 도달하려는 엄청나게 어려운 과업에 당면한 이유입니다. 신의 순수 실존 활동과 신에게서 얻는 우리의 실존은 철저히 다릅니다. 인간도 자기로부터는 있을 수 없고, 그가 사는 세계도 자기로부터 있게 된 것이 아닙니다. 이와 같은 인간이 어떻게 오직 이성으로만 '있는 나'에 도달할 수 있을까요? 이러한 것이 그리스도인에게 자연신학의 근본 문제입니다.

이 문제를 풀고자 노력했던 아우구스티누스는 플로티노스가 수정한 플라톤의 철학적 기법에 의지할 수밖에 없었습니다. 그런데 여기서 그리스도교로 개종한 이 사람은 자신의 철학적 열망으로 인해 당면한 문제에 대한 자료를 넘어 해결책으로 곧바로 돌입했습니다. 플로티노스는 플라톤의 상기reminiscence 이론을 해석하면서, 변증법을 인간의 영혼이 모든 물질적 심상에서 벗어나서 가지적인 이데아들을 관조하기 위한 노력으로 설명합니다. 최고 신인 제1지성의 빛 아래서 말이죠. 이것은 정확히 성 요한이 내비친 바가 아닙니까? 비록 철학적으로 정립한 것은 아니지만, 최소한 요한이 복음서 첫 장에서 분명하게 내비친 것입니다. 아우구스티누스의 정신에서 플로티노스와 성 요한이 만나자마자 결합했습니다. 복음서를 플로티노스의 『엔네아데스』로 읽어 내면서, 아우구스티누스는 인간 영혼이 "빛을 증언"하지만, 그 영혼이 "빛이 아니라 … 말씀이 곧 참 빛"이었고, "그 빛이 이 세상에 와서 모든 사람을 비추고"[8] 있음을 발견했습니다. 인간은 왜 자기 영혼 안에 계속해서 현전하는 신적인 빛을,

그리스도교의 신을 향해 언제나 열려 있는 길로 사용해서는 안 될까요?

이것이 바로 아우구스티누스가 했던 바입니다. 아니면 최소한 그가 노력했던 바라고도 할 수 있습니다. 이 과업이 그가 생각했던 것보다 훨씬 더 어려운 것이었기 때문입니다. 아우구스티누스는 플라톤의 철학적 세계를 물려받으면서 플라톤의 인간관도 물려받았습니다. 플라톤이 생각했던 인간은 영혼과 몸의 실체적 연합이 아닙니다. 인간은 본질적으로 영혼입니다. 우리는 '인간에게 영혼이 있다'고 말하는 대신, '인간은 개별 영혼이다'라고 말해야 합니다. 인간 영혼은 지적이고 지성으로 알 수 있고 영원히 살아 있는 실체입니다. 영혼이 지금은 우연히 몸에 결합되어 있지만, 몸이 있기 전부터 항상 실존했고, 궁극적으로는 몸이 없어져도 살아남습니다. 플라톤의 말을 인용하자면 인간은 "몸을 사용하는 영혼"[9]입니다. 하지만, 일하는 사람은 그가 사용하는 도구가 아니고 입은 옷이 곧 그 사람이 아니듯, 인간은 몸이

---

**8**   요한복음 1:7-9. Cf. 성 아우구스티누스, 『고백록』 VII권 ix장 18(영역본 p. 154). 성 요한의 본문은 그리스도를 통한 인간의 구원 문제에 곧바로 적용됩니다.

**9**   플라톤, 『알기비아데스』 129e-180c. Saint Augustine, *De Moribus ecclesiae*, Bk. I, chap. xxvii, p. 52; *Patrologia Latina*, Vol. XXXII, col. 1882. Cf. É. Gilson, *Introduction à l'étude de saint Augustin* (Paris, J. Vrin, 1929), p. 55(국역본: 『아우구스티누스 사상의 이해』, 누멘).

아닙니다.

인간에 관한 이러한 정의를 받아들임으로써 아우구스티누스는 매우 불편한 철학적 입장에 서게 되었습니다. 플라톤의 가르침에서 순수하게 가지적이고 살아 있고 불멸하는 실체가 된다는 것은 바로 신이 된다는 것입니다. 이는 플로티노스에게서 더욱 분명해집니다. 그렇다면 인간 영혼들은 수많은 신이 됩니다. 인간이 자기 몸을 부정하면서 철학을 하여 지성으로 알 수 있는 진리에 정신을 집중한다고 해 봅시다. 이때 그는 자신이 신이라는 것을 상기하는 신처럼 행동할 뿐입니다. 올바르게 철학 하는 것은, 다름 아니라 우리가 모두 실제 신인 것처럼 행동하는 일입니다. 진정 우리는 최고 **지성**에 의해, 따라서 일자에 의해 방사된 개별 지성입니다. 바로 이러한 이유로 일자에 의해 또한 일자 안에 우리가 있듯이, 일자로부터 영원히 유출된 최고 지성의 빛에 의해 또한 최고 지성의 빛 안에서 우리는 알고 관조합니다. 하지만 이렇든 저렇든 너무나 많은 신이 있습니다. 지금은 모자란 신이라 할지라도, 우리는 동료 신들의 무리로 돌아가고자 인내심 있게 일하는 중입니다. 플라톤과 플로티노스가 이해한 변증법은 인간이 자기 고유의 신성을 충만히 인식하도록 자신을 점점 고양하여 철학적 구원 같은 것을 획득할 수 있는 방법입니다. 신은 결국에는 자기 자신까지도 잊을

수 있지만, 구원받기를 필요로 할 수는 없습니다.[10]

이것이 성 아우구스티누스가 플라톤과 플로티노스에게 빌려온 방법으로는 그리스도교의 신에 이르는 것이 매우 힘들다는 것을 발견한 근본적 이유입니다. 이들과 마찬가지로 아우구스티누스에게도 비물질적이고 지성으로 알 수 있고 진리인 모든 것은 그 자체로 신적입니다. 그러나 플라톤의 철학에서는 신이 신적인 것들을 소유하게 되어 있듯이, 인간도 자연적으로 진리를 소유하게 되어 있습니다. 반면 그리스도교 철학에서는 인간이 더는 그러하지 못합니다. 형이상학적으로 말하자면,[11] 그리스도교 철학에서 인간은 신적

10　이 문제에 관해서 매우 중요한 분석으로 다음을 보십시오. Marcel de Corte, *Aristote et Plotin* (Paris, Desclée, De Brouwer, 1935), chap. iii, "La Purification plotinienne," pp. 177-227과 chap. vi, "La Dialectique de Plotin," pp. 229-290. 이상의 두 논문은 플로티노스의 가르침의 방법과 정신에 관해서 현존하는 것 중 가장 심오한 입문이라고 할 수 있을 것 같습니다.

11　저는 여기서 형이상학의 질서와 종교의 질서 사이의 철저한 차이를 강조하고자, "형이상학적으로 말하자면"이라는 표현을 강조하고 싶습니다. 그리스도인으로서 인간이라면 누구나 은총을 통해 신이 될(deified) 수 있습니다. 왜냐하면 은총은 신의 삶에 참여하는 것이기 때문입니다. 이렇게 이해하면 은총은 그 자체로 초자연적입니다. 모든 성사적 질서(sacramental order)에서도 그러합니다. 이것은 미사통상문(the Ordinary of the Mass)의 잘 알려진 기도에 분명히 나타납니다. 기도문의 완벽한 명료성 때문에 기도문 전체를 인용하고자 합니다. "오 하나님, 당신께서는 인간 본성을 놀라운 존엄을 가지도록 만드시고 지금도 너무 놀랍게 새롭게 빚으십니다. **우리도 그분의 신적인 본성을 나누어 받는 자로 빚어지게** 물과 포도주의 신비를 허락하소서. 그분은 우리의 인성을 취하신 예수 그리스도, 우리 주님, 당신과 함께 성령 하느님의 연합 안에서 살아 계시고 영원히 세계를 다스리시는 당신의 아들이십니다. 아멘." 플

질서에 속하지 않습니다. 이러한 입장이 만들어 낸 중요한 결과는 아우구스티누스에게서 인간은 무언가 신적인 것을 부여받은 피조물로 나타납니다. 만약 진리가 신적이고 인간이 신이 아니라면, 인간은 진리를 소유할 수 없어야만 합니다. 하지만 인간은 진리를 가집니다. 지성으로 알 수 있는 진리는 신적이지만, 신이 아닌 인간 안에 있습니다. 결과적으로 이렇게 진리가 역설적으로 나타나는 것을 설명할 수 있는 방법은 단 하나입니다. 지극히 가지적이고 스스로 존속하는 진리의 영원한 빛, 말하자면 신의 빛 안에서 인간이 진리를 안다고 간주하는 방법입니다.

아우구스티누스에게 인간 정신 안에 진리가 현전하는 것을 설명할 수 있는 유일한 원인은 신의 실존입니다. 그는 여러 차례 다양한 형태로 신 실존에 관한 동일한 증명을 시도했습니다. 아우구스티누스의 신은 인간 이성에 빛을 비추어 인간 이성이 진리를 알 수 있게 하는 가지적인 태양과 같습니다. 신은 인간을 내면에서 가르치는 내적 교사입니다. 신

라톤의 인간은 자신이 신이기에, 신성을 나누어 받는 자로 빚어질 필요가 없습니다. 따라서 아우구스티누스는 플라톤의 인간에게서 인간이 신이게끔 하는 것을 벗겨 내야만 했습니다. 즉, 인간에게 자연적으로 진리를 아는 능력이 있음을 부정해야 했습니다. 우리는 토마스 아퀴나스가 그 반대의 어려움과 마주하는 것을 보게 될 것입니다. 즉, 아리스토텔레스의 매우 자연적인 인간을 신화(deification)가 가능한 존재로 바꾸는 일입니다.

의 영원하고 불변하는 관념들 ideas은 최고의 규칙들입니다. 그 영향력은 우리의 이성을 신적 진리의 필연성에 굴복시킵니다. 증명이라는 차원에서 볼 때, 성 아우구스티누스의 논증은 매우 효과적입니다. 진리가 인간을 넘어서고 그 자체로 신적이라면, 인간이 진리를 안다는 사실 차제가 신의 실존을 확실하게 입증합니다. 하지만 진리가 인간 지식의 대상 이상이라는 아우구스티누스의 생각에 동조해야 하는 이유는 무엇입니까? 그가 그렇게 생각한 유일한 이유는 순전히 우연적인 이유였습니다. 아우구스티누스는 암묵적으로 다음과 같이 추론한 것으로 보입니다. 즉, 플라톤과 플로티노스는 인간이 진리를 소유하므로 인간을 신으로 간주했지만, 그리스도교에서는 인간이 진리를 소유할 수 없기 때문에 인간은 결코 신이 아니라는 것입니다. 이러한 논증 자체는 완전히 옳습니다. 만약 인간이 자연적으로 얻을 수 없다고 생각될 만큼 진리가 너무나 좋은 것이라는 말이 사실이라면, 이것은 심지어 완벽하게 확실한 논증일 것입니다.

성 아우구스티누스에게 일어난 일은 너무나도 명료합니다. 그리스도교의 진리에 관한 타의 추종을 불허하는 주창자로서, 그는 자기 신학의 철학을 가진 적이 없습니다. 아우구스티누스의 신은 진정한 그리스도교의 신으로, 그 신의 순수 실존 **활동**을 "나는 있다"보다 더 잘 표현할 방법은 없습니다. 하지만 아우구스티누스는 철학적 용어로 실존을 설명하는 일에 착수하면서 존재being를 비물질성, 가지성, 불변성, 통일성 개념과 동일시하는 그리스적 방법에 빠졌습니다. 그러한 모든 것은 신적입니다. 진리도 그러한 것이기에 진리는 신적입니다. 비물질적이고 지성으로 알 수 있으며 불변하는 진리는 진정으로 존재 내지 실존하는 것의 질서에 속합니다. 결과적으로 진리는 신에게 속합니다. 마찬가지로 아우구스티누스의 신은 모든 것의 참된 창조자입니다. 그러나 창조를 정의할 때 아우구스티누스는 자연스럽게 자신의 존재 개념에 따라 창조를 이해했습니다. 창조한다는 것은 존재를 주는 것입니다. 존재한다는 것은 지성으로 알 수 있으며 하나로서 있는 것이기에, 아우구스티누스는 창조를 그런 식으로 실존하는 신적 선물로 이해했습니다. 이런 식의 실존은 리듬과 수, 형상, 아름다움, 질서, 통일성으로 구성됩니다.[12] 그리스인과는 달리, 그리고 모든 그리스도인과 마찬

---

**12** 구체적인 존재의 형이상학적 구성 요소들에 관해서는 다음을 보십시오. Emmanuel Chapman, *Saint Augustine's Philosophy of Beauty* (New York, Sheed and Ward, 1939), chap. ii, pp. 18-44. 다음 책은 아우구스티누스의 창조 개념의 플라톤적 특성을 강조하고 있지만, 아마 조금 과하게 강조한 듯합니다. A. Gardeil, *La structure de l'âme et l'expérience mystique* (Paris, Gabalda, 1929), Appendix II, vol. II, 819- 820. A. 가르데이(Gardeil)의 해석에 관한 저의 비판을 다시 읽고서(*Introduction à l'étude de saint Augustin*, p. 258, n. 8), 저는 가르데이가 이 부분을 집필할 때 마음에 품고 있었던 바가 전적으로 사실이라고 결론지었습니다. 그렇다고 제가 완전히 틀린 것

가지로 아우구스티누스는 "무로부터" 뭔가를 창조한다는 것이 무엇인지에 관한 매우 분명한 개념을 가지고 있습니다. 그것은 존재하게 하는 것입니다. 아우구스티누스의 사상에 여전히 남아 있는 그리스적인 것은 바로 존재한다는 것이 무엇인가에 관한 개념입니다. 그의 존재론, 즉 존재에 관한 학문은 '실존적'existential이라기보다는 '본질적'essential입니다. 달리 말하면 그의 존재론은 어떤 사물의 실존을 그것의 본질로 환원하는 경향을 두드러지게 보입니다. 즉, '어떤 사물이 존재한다는 것은 무엇인가?'What is it for a thing to be라는 물음에 '그것이 그것으로 있다는 것이다'It is to be that which it is 하고 답하는 경향이 있습니다.

실제로 매우 현명한 답변입니다만, 철학에서 생각해 볼 수 있는 가장 심오한 답변은 아닐 것입니다. 그리스도교의 신이 창조한 세계에 관해 사색하는 그리스도교 철학자에게 완벽히 적합한 답변도 분명 아닙니다. 나중에 그 이유를 제가 더 명확히 설명하겠지만 성 아우구스티누스를 넘어서기란 쉽지 않았습니다. 왜냐하면 그가 도달한 한계는 그리스 존재론 자체의 한계였고, 형이상학의 문제에서 인간의 마음

은 아닙니다. 아우구스티누스는 창조한다는 것이 무엇인지에 관해 분명한 개념이 있었지만, 그가 존재에 관하여 전적으로 실존적인 관념에 이르렀던 것은 아닙니다.

이 도달할 수 있는 한계이기 때문입니다. 성 아우구스티누스가 죽고 아홉 세기가 지나고서야 자연신학에서 새롭고 결정적인 진보가 이뤄지게 됩니다. 또 다른 그리스도교 신학자에 의해 그리스의 또 다른 형이상학적 우주가 발견된 것이 계기였습니다. 이번에는 아리스토텔레스의 형이상학적 우주고, 신학자의 이름은 토마스 아퀴나스입니다.

길버트 머레이는 다음과 같이 정확히 짚었습니다. "플라톤 사상에서 종교적 차원이 가진 함의는 3세기 플로티노스의 때까지는 온전히 드러나지 않았다. 아리스토텔레스 사상의 종교적 측면에 관해서라면, 13세기 아퀴나스가 그것을 설명하기 전까지 드러나지 않았다고 하더라도 과한 기론<sup>綺論</sup>은 아닐 것이다."[13] 여기에 하나만 보탭시다. 토마스 아퀴나스의 아리스토텔레스 '해설'은 그리스도교 계시의 빛 안에서 아리스토텔레스 사상을 변형한 것이라고 하는 것이 더 정당할 것 같습니다. 아리스토텔레스가 말한 자기를 사유하는 **사유**는 분명히 성 토마스 아퀴나스의 자연신학의 핵심 요소입니다. 하지만 자기를 사유하는 **사유**가 먼저 '*Qui est*'<sup>있는 자</sup> 혹은 구약성서의 '있는 나'로 형이상학적 변모를 겪어야 했습니다.[14]

---

**13**   Gilbert Murray, *Five Stages of Greek Religion* (New York, Columbia University Press, 1921), p. 17.

**14**   성 토마스 아퀴나스, 『신학대전』(바오로딸 역간) 1부 13문 11절 재반론. 토

성 토마스 아퀴나스는 왜 'Qui est'가 신에게 주어질 수 있는 모든 이름 중 가장 적절한 이름인가 하고 물었습니다. 그리고 그는 그 이름이 '존재함'to be, 즉 *ipsum esse*존재함 자체를 나타내기 때문이라 답했습니다. 그런데 존재한다는 것은 무엇입니까? 이것은 모든 형이상학적 질문 중 가장 어려운 질문입니다. 우리는 이에 답하면서, 서로 다르지만 긴밀하게 연결된 두 단어의 의미를 조심스럽게 구분해야만 합니다. 첫 단어는 *ens* 혹은 존재자being이고, 다른 단어는 *esse* 혹은 '존재함'to be입니다. '존재자란 무엇인가'라는 질문에 대한 올바른 답변은 '존재자란 존재 내지 실존하는 것이다'입니다. 예를 들어, 신과 관련해서도 우리가 똑같은 질문을 한다면, 올바른 답변은 '신이라는 존재자는 영원하고 경계가 없는 실체의 망망대해다'일 겁니다.[15] 그러나 *esse* 혹은 '존재함'은 이와는 다른 것으로, 실재의 형이상학적 구조에 더 깊숙이 숨어 있기에 파악하기가 훨씬 어렵습니다. 명사로서 '존재자'는 어떤 실체를 지칭합니다. '존재함' 혹은 *esse*는 활동을 지칭하기에 동사입니다. 이것을 이해하는 것은 본질essence의

마스주의에서 신과 **존재**를 동일시하는 문제에 관해서는 다음을 보십시오. É. Gilson, *The Spirit of Medieval Philosophy* (New York, Scribners, 1936), chap. iii, pp. 42-68

**15** 이것은 다마스쿠스의 요한을 토마스 아퀴나스가 인용한 표현입니다. 성 토마스 아퀴나스, 『신학대전』 I부 13문 11절 답변.

단계를 넘어 실존<sup>existence</sup>이라는 더 깊은 단계에 도달하는 것이기도 합니다. 실체<sup>substance</sup>로 있는 모든 것이 필연적으로 본질과 실존 모두를 가지기 때문입니다. 사실 이것이 우리의 이성적 지식이 따르는 자연적 순서입니다. 우리는 먼저 어떤 존재자를 생각하고, 그다음 그 존재자의 본질을 정의합니다. 그리고 마지막으로 판단을 통해 그 존재자의 실존을 확인합니다. 그러나 실재의 형이상학적 순서는 인간의 지식의 순서와 정확히 반대입니다. 여기서는 개별 실존 활동이 먼저입니다. 이는 개별 실존 활동이므로 특정한 본질로 한정하는 활동이며, 동시에 특정한 실체가 있게 하는 활동입니다. 더 깊은 의미로 볼 때, '존재함'은 어떤 특정한 존재자가 실제로 존재 내지 실존하게 하는 기본적이고 기초적인 활동입니다. 성 토마스 본인의 표현을 쓰자면, *dictur esse ipse actus essentiae*,[16] 즉 "존재함"이란 바로 본질이 있게

---

**16** Saint Thomas Aquinas, in I. *Sent.*, dist. 83, qu. 1, art, 1, ad 1<sup>m</sup>. Cf. *Quaestiones disputatae: De Potentia*, qu. VII, art. 2, ad 9. 존재에 관한 이러한 실존적 개념은 다음에서 논의하였습니다. É. Gilson, *Réalisme thomiste et critique de la connaissance* (Paris, J. Vrin, 1939), chap. viii, esp. pp. 220-222. 아리스토텔레스의 신과 성 토마스 아퀴나스의 신에 대한 개괄적 비교는 다음의 예리한 연구를 보십시오. Anton C. Pegis, *Saint Thomas and the Greek* (Milwaukee, Marquette University Press, 1939). 아우구스티누스의 신과 토마스 아퀴나스의 신의 비교는 다음을 보십시오. A. Gardeil, *La structure de l'âme et l'expérience mystique* (Paris, Gabalda, 1927), Appendix II, vol. II, 313-325. 실존 개념의 극도의 단순성과 그것을 우리가

하는 활동입니다.

　'존재함'이 가장 탁월한 활동, 즉 모든 활동 중의 활동인 세계에서, 실존은 존재자라는 이름에 걸맞은 모든 것이 흘러나오는 근원적 에너지입니다. 그러한 실존 세계는 최고로 실존하는 신 외에 다른 어떤 원인으로도 설명될 수 없습니다. 이상하게도 역사적으로 보면 상황이 반대 방향으로 흘러온 것 같습니다. 철학자들은 사물들의 실존적 본성에 관하여 이전에 가지고 있던 지식으로부터 신의 최고의 실존성을 추론하지 않았습니다. 오히려 신이 자신의 실존성을 스스로 계시함으로써 철학자들이 사물들의 실존적 본성을 깨닫는 데 도움이 되었습니다. 달리 말하면 '존재함'이 궁극적 존재자의 고유 이름이라는 것을 유대-그리스도교의 계시가 가르쳐 주기 전까지는, 철학자들이 본질을 넘어서 본질의 원인이 되는 실존의 에너지에 도달할 수 없었습니다. 그리스도교 신앙의 빛 아래서 이뤄진 형이상학의 결정적인 진보는 모든 사물의 존재 원인인 제1존재자가 존재해야 한다는 것을 깨닫는 일이 아니었습니다. 그리스인 중의 위대한 이

개념화하는 것이 불가능하다는 것은 다음 책에서 강조되고 있습니다. J. Maritain, *Sept leçons sur l'etre (1932-33)* (Paris, Téqui), pp. 98-99. 아마도 '존재함'의 이러한 특성들은 우리가 4장에서 보게 될 많은 근대 과학자가 어떤 사물의 실존을 그것의 모든 속성 중 가장 사소한 것으로 여긴다는 사실을 해명해 줄 것입니다.

들은 이미 이것을 알고 있었습니다. 예를 들면, 아리스토텔레스가 자기를 사유하는 **사유**를 최고 존재로 상정했을 때, 그는 분명히 그것을 순수 **활동**이자 무한히 힘이 충만한 에너지로 이해하였습니다. 하지만 여전히 그의 신은 순수 **사유 활동**이었습니다. 이와 같은 자기를 사유하는 원리라는 무한히 강력한 현실태는 분명 순수 **활동**으로 불릴 만하지만, 그것은 실존의 질서가 아니라 앎의 질서에서 순수 **활동**이었습니다. 그 어떤 것도 자신이 갖지 않은 것을 줄 수는 없는데, 아리스토텔레스가 제시한 최고의 **사유**는 '있는 나'가 아니기에, 실존을 줄 수 없습니다. 따라서 아리스토텔레스의 세계는 창조된 세계가 아니었습니다. 아리스토텔레스가 제시한 최고의 **사유**는 순수 실존 **활동**이 아니었기에, 그것의 자기 지식에는 모든 존재자에 관한 지식, 즉 현실태와 가능태가 다 수반되지는 않습니다. 아리스토텔레스의 신은 섭리자가 아니었습니다. 그는 자신이 만들지 않은 세계를 알지도 못했습니다. 그는 **사유**에 관한 사유였기에 자신이 만들 수 없었던 세계를 알지 못합니다. 또한 그의 지식에는 '있는 나'라는 자기 인식도 없었습니다.

저는 토마스 아퀴나스가 아리스토텔레스에게 지고 있는 철학적 빚을 축소하려는 게 아닙니다. 제가 이처럼 은혜도 모르는 죄를 범하게 만들면 토마스 아퀴나스가 저를 용서하지도 않을 겁니다. 철학자로서 토마스 아퀴나스는 모세가 아니라 아리스토텔레스의 제자였습니다. 그는 방법과 원리 뿐만 아니라, 존재자의 근원적 현실태라는 가장 중요한 개념까지 아리스토텔레스에게 빚지고 있었습니다. 제가 말하고자 하는 요점은 이것입니다. 형이상학의 결정적인 진보, 더 정확히 말하면 진정한 형이상학적 혁명은 누군가가 존재자에 관한 모든 문제를 본질의 언어에서 실존의 언어로 번역하기 시작하면서 이루어졌습니다. 형이상학은 초기에 시작되었을 때부터 실존적이 되는 것을 언제나 모호하게나마 목표로 하고 있었습니다. 성 토마스 아퀴나스의 시대부터 형이상학은 언제나 그러했으며, 그러한 점에서 형이상학은 그 실존성을 잃어버릴 때마다 어김없이 그 실존 자체를 상실했습니다.

토마스 아퀴나스의 형이상학은 자연신학 역사의 정점에 있었고, 여전히 정점에 머물러 있습니다. 그 정점을 역행하는 일이 곧 발생했다는 것은 놀랍지 않습니다. 인간 이성은 사물들의 세계, 즉 사물들의 본질과 법칙을 개념으로 포착하고 정의할 수 있는 세계에 편안함을 느낍니다. 실존한다는 것은 사물이 아니라 활동이기에, 실존의 세계는 불편하고 꺼려지기 마련입니다. 우리는 이것을 너무나 잘 압니다. 어떤 강사가 "사실은"as a matter of fact라고 말하며 문장을 시작할 때마다, 여러분은 즉각 그가 어찌할 바를 모른다는 것을 알아차립니다. 무엇인가가 있음을 가정한다면, 그는 그것이 무엇인지에 관해 여러분에게 엄청나게 많이 말해 줄 수 있습니다. 그가 할 수 없는 일은 그 사물의 실존 자체를 설명하는 것입니다. 만약 실존이 하나의 원리이자 그 사물이 무엇인지에 관한 가장 중심적인 제1원리라면, 그는 어떻게 그것을 설명할 수 있을까요? 사실들을 사실들로 다룰 때, 혹은 일어난 일들을 단순히 일어난 일들로 다룰 때는 항상 궁극의 설명*ultima ratio*이 있고 그것으로 끝입니다. 우주를 볼 때, 개별 실존 행위가 모두 최고이자 절대적인 **자기-실존**과 관련된 세계로 보라고 요구한다면, 이는 분명 본질상 개념적인 우리의 이성 능력을 거의 한계점까지 확장하는 것입니다. 우리는 그렇게 해야 한다는 것은 알지만 해낼지는 의문입니다. 왜냐하면 할 수 있을지 확신하지 못하기 때문입니다.

적어도 이 지점에서 토마스 아퀴나스의 후계자 중 몇몇은 심각하게 의심했습니다. 그들은 그리스도교 신학자였고, 일부는 가장 위대한 신학자였습니다. 그들은 진정한 신의 참 이름에 관해 어떤 주저함도 없었습니다. 그들이 당면한 진짜 어려움은 신이 '있는 나'임을 상정하더라도, 계시의 도움 없이 철학적 이성으로만 그러한 신에게 도달할 수 있냐는 문제였습니다. 이것은 정말로 적절한 물음이었습니다.

어쨌든 이러한 신학자들은 신이 직접 이름을 가르쳐 줬던 모세에게서 배우지 않고서는, 철학자들이 신에게 그러한 이름을 부여하는 것을 생각조차 할 수 없음을 매우 잘 알았습니다. 인간 이성이 철학의 도움만으로 절대적으로 실존하고 절대적으로 힘이 충만한 그리스도교의 신에게 도달할 가능성이 있는지를 묻는 것은 두드러진 경향이었고, 둔스 스코투스와 같은 위대한 형이상학자에게서도 이러한 경향을 볼 수 있습니다.[17]

이러한 주저함이 생기는 이유는 간단합니다. 인간의 정신은 자신이 적절한 개념을 형성할 수 없는 어떤 실재 앞에서 주춤거리게 됩니다. 그러한 것은 바로 실존입니다. "나는 있다"I am가 능동형 동사라는 것을 깨닫기는 우리로서는 힘듭니다. 아마 "그것이 있다"it is가 궁극적으로 가리키는 바를 우

---

**17** 둔스 스코투스는 존재자의 실존적 특성을 호소력 있게 강조했습니다. cf. Parthenius Minges, I. *Duns Scoti Doctrina philosophica et theologica* (Firenze, Quaracchi, 1930), I, 14-17. 그의 신학에서 특이한 것은 그리스도교의 신을 신앙의 도움을 받지 않은 자연적 이성으로는 알 수 없는 신으로 간주한다는 점입니다. 또한, 이 스코틀랜드인의 창조된 실존(created existence) 개념을 연구하는 것도 흥미로울 겁니다. 그에 따르면, "피조물에게 본질과 실존은 서로 양태(mode)의 실질(quiddity)로서 있습니다."(*op. cit.*, pp. 16-17). 본질의 우선성은 실존을 본질의 '속성' 중 하나로 만듭니다. 이러한 본질의 우선성은 토마스 아퀴나스에 선행하는 플라톤주의의 흔적으로서, 둔스 스코투스의 가르침에 나타납니다. 순수하게 실존적인 형이상학에서 둔스 스코투스와 더불어 본질의 실존(*essentia et eins existentia*)을 말하는 것보다는, 실존의 본질을 말하는 것이 훨씬 더 정확해 보입니다.

리가 알아차리는 것은 더 힘들 것입니다. "그것이 있다"는 단지 그 사물이 무언가로 있다는 것이 아니라, 그 사물이 있게 할 뿐만 아니라 정확히 무언가로 있게 하는 원인이 되는 원초적인 실존적 활동을 궁극적으로 가리킵니다. 하지만, 이것을 알기 시작한 사람은 또한 우리의 우주를 이루고 있는 것을 포착하기 시작합니다. 심지어 그는 그러한 세계의 궁극적 원인을 불분명하게나마 지각하기 시작합니다.

그리스의 정신은 자연 개념, 혹은 본질 개념을 궁극적 설명으로 간주하고 왜 거기서 자연스럽게 멈췄을까요? 우리 인간의 경험에서 실존은 언제나 개별 본질의 실존이기 때문입니다. 우리는 오직 개별적이고 감각 가능하게 실존하는 사물들만 직접적으로 압니다. 그러한 사물들의 실존은 단지 이러저러한 개별 사물이라는 점에 있습니다. 도토리나무의 실존은 분명히 도토리나무라는 점에, 더 정확하게는 바로 이 개별 도토리나무라는 점에 한정됩니다. 다른 모든 것에 관해 말할 때도 마찬가지입니다. 만약 모든 각각의 사물의 본질이 실존 자체가 아니라, 실존에 참여할 수 있는 수많은 것 중 하나라면 이것은 무엇을 의미합니까? 이러한 사실은 토마스 아퀴나스가 그토록 명확히 그어 놓았던 '존재'being와 '본질'what is의 근원적 구분으로 가장 잘 설명될 수 있습니다. 이것은 한 사물과 다른 사물이 다르듯이 본질과 실존이 다르다는 의미가 아닙니다. 다시 한번 말하자면, 실존은 어떤 사물이 아니라, 어떤 사물이 있게 하고 그 사물이게끔 하는 활동입니다. 이러한 구분은 단지 우리 인간의 경험에서 한 사물의 본질이 '있음'인 경우는 없으며 그 본질이 '어떤 특정 사물임'이 아닌 경우도 없다는 사실을 표현합니다. 경험에 주어진 사물은 어떤 것도 그 정의가 실존일 수 없습니다. 따라서 사물의 본질은 실존이 아니고, 실존은 반드시 본질과 구분된 것으로 이해해야 합니다.

그렇다면 이러한 사물들로 이루어진 세계의 실존을 우리는 어떻게 설명해야 할까요? 여러분은 사물 전부를 하나하나 취해서는, 이들 각각이 왜 존재 내지 실존하는지를 자기 자신에게 질문할 수 있습니다. 하지만 이들 중 어떤 것의 본질에서도 여러분의 질문에 대한 답을 얻지 못할 것입니다. 이들 중 어떤 것의 본성도 '있음'이 아니기에, 이것들의 본질에 관한 가장 철저한 과학적 지식마저 '왜 이것들이 있지'라는 질문에 대한 답을 주지 않습니다. 우리의 세계는 변화의 세계입니다. 물리학, 화학, 생물학은 세계 속에서 실제로 일어나는 변화에 따라 그 법칙을 우리에게 가르쳐 줄 수 있습니다. 이러한 과학들은 이 세계의 법칙과 질서와 이해 가능성을 종합해 보더라도 이 세계가 왜 있는가 혹은 왜 실존하는가를 가르쳐 줄 수는 없습니다. 알려진 사물의 본성이 '있음'이 아니라면, 알려진 사물의 본성 자체는 그 실존에 대한 충족이유를 포함하고 있지 않습니다. 하지만 그것은 상상 가능한 유일한 원인을 가리키고 있습니다. 주변 어디에나 '있음'이 있고 모든 본성이 다른 본성들을 설명할 수 있지만 거기에 공통적인 실존을 설명하지는 못하는 세계 그 너머에는, '있음'을 자기 본질로 하는 어떤 원인자가 반드시 있습니다. 본질이 순수 실존 **활동**인 존재자, 즉 본질이 이러저러하지 않고 오로지 '있음'인 존재자를 내세우는 것은 그리스도교의 신을 우주의 최고 원인으로 내세우는 것이기도 합니다. 가장 깊숙이 숨어 있는 신인 '있는 나'는 가장 분명히 드러난 신이기도 합니다. 모든 사물은 자기 안에 자기 실존을 설명할 길이 없음을 형이상학자에게 계시함으로써, 본질과 실존이 일치하는 궁극의 원인이 있다는 사실을 가리킵니다. 여기서 마침내 토마스 아퀴나스와 아우구스티누스가 궁극적으로 만납니다. 토마스 아퀴나스는 자신의 실존의 형이상학이 실재의 외피에 불과한 본질이라는 껍질을 뚫고 나가는 데 성공했기 때문에, 모든 결과에 원인이 있음을 보듯이 순수 실존 **활동**을 볼 수 있었습니다.

토마스 아퀴나스가 이 지점까지 온 것은 성 아우구스티누스가 모든 사물이 성서의 언어로 "우리가 우리를 스스로 만든 것이 아니라, 영원히 계시는 분이 우리를 창조하였다"라고 외치는 것을 들은 그날 그리스도교 신앙의 힘으로 형이상학의 세계에서 가장 먼 영토*ultima Thule*에 도달한 것과 다르지 않을 겁니다. 하지만 아우구스티누스에게 "영원히 계시는 그분은" 본질적으로 스스로 존재하는 "영원한 **진리**, 진정한 **사랑**, 사랑받는 **영원**"으로 계셨습니다.[18] 성 토마스 아퀴나스는 "앎을 가지는 모든 존재자는 그들이 아는 모든 것에서 신을 암묵적으로 안다"[19]라고 말했던 자신의 형이상학적 지식의 힘을 가지고 여기에 도달했습니다. 인간의 이성은 모든 형이상적 원리의 최고점보다 더 멀리 갈 수 없기에, 이 지점보다 더 나아가는 것은 불가능했습니다. 인간이 이렇게 근본적인 진리를 갖게 되면 그것을 조심스럽게 보존할 것이라고 예상한 분이 계실지도 모르겠습니다. 하지만 인간은 그러지 않았습니다. 그것을 발견하자마자 거의 곧바로 그것을 상실했습니다. 따라서, 그것을 어떻게 그리고 왜 잃어버렸는지가 이제 우리가 주의를 기울여야 할 문제입니다.

**18**   성 아우구스티누스, 『고백록』 IX권 10장 25(영역본 p. 227). Cf. VII권 10장 16(영역본 p. 158).

**19**   성 토마스 아퀴나스, 『진리론』(*Quaestiones disputatae de Veritate*, 책세상 역간) 22문 2절 1답. 유사한 진술이 토마스 아퀴나스가 복락을 향한 모든 인간의 자연적이고 뒤엉킨 욕망을 이야기하는 어디서나 발견됩니다. 예를 들면, 『신학대전』 1부 2문 1절 해답 1.

# III
# 신과 근대철학

중세철학에서 초기 근대철학으로의 전환은 철학자들이 처한 사회적 조건에서 일어난 변화로 가장 잘 설명될 수 있습니다. 중세에는 모든 철학자가 사실상 수사나 사제, 혹은 최소한 일반 성직자였습니다. 17세기 이후 우리 시대까지는 교회에 속한 사람 중 철학의 영역에서 창조적인 천재성을 보여준 사람이 극소수입니다. 프랑스의 말브랑슈Malebranche와 콩디약Condillac, 아일랜드의 버클리Berkeley, 이탈리아의 로스미니Rosmini가 언급될 수 있지만, 이들은 일반적 경우가 아니라 예외일 뿐이며, 이들 중 누구도 근대의 독보적인 철학 천재로 인정받지 못합니다. 근대철학은 성직자가 아니라 일반인에 의해, 신의 초자연적 도성이 아니라 인간의 자연적 도시들을 목표로 창조되었습니다.

새로운 시대를 여는 이러한 변화는 『방법서설』 1부에서 데카르트가 자기 자신 "안에서 혹은 세계라는 거대한 책에서 발견할 수 있는 것" 외에는 "어떠한 지식도 추구하지 않겠다"라는 결정을 공표하면서 분명해졌습니다.[1] 데카르트가 신이나 종교, 심지어 신학을 없애는 것을 의도하고 이렇게 진술한 것은 아닙니다. 그러나 데카르트의 말에는 본인에게 이러한 것들은 철학적 사변에 부합하는 대상이 아님이 강하게 표현되어 있습니다. 어쨌든 천국으로 가는 길은 가장 무지한 이들과 가장 학식 있는 사람 모두에게 열려 있지 않습니까? 구원은 우리가 지성으로 파악하지 못하지만, 교회는 구원으로 사람들을 이끄는 계시된 진리를 가르치지 않습니까? 그렇다면 종교는 종교인 채로 둡시다. 지적인 지식이나 합리적인 논증이 아니라, 신앙의 문제로 말이지요.

데카르트 철학에서 일어난 일은 **그리스도교 지혜**에 관한 중세 이상의 붕괴였습니다. 이는 데카르트가 개인적으로 가졌던 그리스도교적인 확신과 무관하게 일어난 일입니다. 예를 들어, 성 토마스 아퀴나스에게 지혜에 대한 최고의 표현은 바로 신학이었습니다. 토마스 아퀴나스는 말했습니다.

---

**1**　Descartes, *Discours de la méthode*, Première partie, ed. Adam-Tannery, VI, p. 9, ll. 21-22(국역본: 『방법서설』).

"거룩한 교리는 모든 인간 지혜 중 가장 탁월한 지혜입니다. 그것은 어떤 특정한 질서에서만 최고가 아니라 절대적으로 최고입니다." 왜 그렇습니까? 신학 본연의 대상은 인간 지식의 최고 대상인 신이기에 그렇습니다. "신학은 지혜롭다고 불릴 만한 이유가 더할 나위 없이 충분합니다. 신학은 우주의 절대적인 최고 원인, 즉 신에 대해 숙고합니다."[2] 최고 원인에 관한 학문으로서 신학은 다른 모든 학문 중 최고입니다. 신학은 다른 학문을 판단하고, 다른 학문은 신학에 종속됩니다. 데카르트는 이러한 그리스도교 신앙의 지혜에 반항할 만한 인물은 결코 아니었습니다. 그는 그리스도인으로서 신앙의 지혜를 그리스도와 그리스도의 교회를 통한 개인의 구원을 위한 유일한 방편으로 보았습니다. 하지만 철학자로서 그는 전혀 다른 지혜를 찾고 있었습니다. 즉, 자연적 이성만으로 얻을 수 있으며 실제적인 현세적 목적을 지향하는, 제1원인들에 의거한 진리 인식입니다.[3] 데카르트가 신학을 억누르면서도 사실 매우 조심스럽게 신학을 보존했다는 점에서, 그는 성 토마스 아퀴나스와 크게 다르지 않습니

---

[2]  성 토마스 아퀴나스, 『신학대전』 1부 1문 6절 답변.

[3]  Descartes, *Principes de la philosophie*, Préface, ed. Adam-Tannery, Part II, Vol. IX, p. 4, ll. 19-23. Cf. p. 5, ll. 13-18(국역본: 『철학의 원리』). 이 점에 대하서는 다음을 보십시오. J. Maritain, *Le Songe de Descarte* (Paris, R.-A. Corrêa, 1932), ch. iii, "Déposition de la sagesse," pp. 79-150.

다. 데카르트가 철학과 신학을 공식적으로 구분하였지만, 성 토마스 아퀴나스는 수 세기 전에 이미 그러한 구분을 했습니다. 데카르트의 새로운 점은 철학적 지혜와 신학적 지혜를 실제로, 실질적으로 나눴다는 데 있습니다. 토마스 아퀴나스가 둘을 통합하고자 구분했다면, 데카르트는 둘을 떼어놓고자 나눴습니다. 신학자들의 역할은 신앙의 지혜를 가지고 궁극적인 초자연적 善에 도달하는 것입니다. 데카르트는 여기에 반대하지도 않을 뿐만 아니라, 아마 매우 고마워할 것입니다. 마치 데카르트가 "다른 어떤 사람만큼이나 나는 천국을 얻고자 노력합니다"라고 말했듯이요.[4] 하지만 철학자로서 데카르트는 전혀 다른 종류의 지혜를 추구했습니다. 그것은 "제1원인들과 참 원리들"에 관한 이성적 인식이며, "그것들로부터 알 수 있는 모든 것의 근거들을 연역할 수 있습니다." 그러한 것이 "신앙의 빛 없이 자연적 이성으로 고찰한" 자연적이고 인간적인 선입니다.[5]

이러한 태도는 인간 이성에 관해 그리스인들이 보였던 철학적 입장으로 되돌아가는 즉각적인 결과를 가져왔습니다.

---

**4**     Descartes, *Discours de la méthode*, Première partie, ed. Adam-Tannery, VI, p. 8, ll. 8-9. 정확하게는 다음과 같이 말했습니다. "나는 우리의 신학을 존경했고, 다른 누구보다 하늘에 도달하고자 열망했습니다"(Je révérais notre théologie, et prétendais, autant qu'aucun autre, à gagner le ciel).

**5**     Descartes, *Principes de la philosophie*, Préface, p. 5, ll. 21-24.

데카르트의 철학은 식접적으로든 간접적으로든 신학에 통제되지 않았기에, 그가 둘의 결론이 궁극적으로 일치하리라고 가정할 이유가 전혀 없었습니다. 그의 신앙과 이성 혹은 신학과 철학이 분리된 것처럼, 종교적 예배 대상(혹은 대상들)과 삼라만상을 이해하게 하는 이성적 원리도 분리되면 안 될까요? 이러한 태도를 취한다는 것은 데카르트에게 매우 논리적이었을 것입니다. 몇몇 최고 수준의 역사가들도 그가 실제로 그런 태도를 취했다고 주저함 없이 주장했습니다. O. 아믈랭은 이렇게 말했습니다. "데카르트는 고대인들과 자신 사이에 자연학자를 제외하고는 아무도 없는 것처럼 고대인들의 뒤를 따랐습니다."[6]

논리적인 측면에서, 데카르트가 그런 태도를 취해야만 했다는 점은 의심의 여지가 없습니다. 하지만 데카르트가 그런 태도를 취한 적이 없었다는 사실도 의심의 여지가 없습니다. 이 사실은 매우 단순하게 역사적으로 설명할 수 있습니다. 그리스 철학자의 경우 순수하게 이성적인 방식으로 자연신학의 문제에 접근해야 했을 때 오직 그리스 신화의 종교적 신들만 마주하고서 문제에 접근했습니다. 그리스 종교의 신들은 자신의 이름, 지위, 역할이 무엇이건, 그 누구도

6    O. Hamelin, *Le Système de Descartes* (2d ed., Paris, Alcan, 1921), p. 15.

자신이 하나의 유일한 최고 **존재** 혹은 세계의 창조자, 제1원리, 모든 사물의 궁극적 목표라고 주장하지 않았습니다. 반면 데카르트는 그리스도교의 신과 마주하지 않은 채 똑같은 철학적 문제에 접근할 수가 없었습니다. 철학자가 그리스도인이라면 그는 다음과 같이 질문하며 말할 수는 있습니다. '내가 그리스도인이 아니라고 가정해 봅시다. 삼라만상을 설명할 제1원인들 내지 제1원리들을 신앙의 빛 없이 이성만으로 찾도록 노력하겠습니다.' 이러한 접근은 다른 도전적인 지적 활동들만큼이나 좋습니다. 그러나 이는 실패할 수밖에 없습니다. 왜냐하면, 어떤 사람이 모든 것이 존재하는 오직 하나의 원인이 있다고 알고 또 믿는다면, 그가 믿는 신이 곧 그가 아는 바로 그 원인일 것이기 때문입니다.

근대의 자연신학의 모든 문제는 한 마디로 여기에 있습니다. 그리고 이 문제의 역설적 본성을 깨닫는 것이 근대 자연신학의 역사를 올바로 이해하는 첫 조건입니다. 고대 그리스와 근대 사이 역사에 아무 일도 안 일어난 것처럼 데카르트가 고대 그리스인들을 뒤따른 것은 결코 아닙니다. 데카르트는 고대 그리스인과 자신 사이에 제기되었던 그리스도교 자연신학의 모든 문제를 고대 그리스인들이 사용한 순전히 이성적인 방식으로 풀 수 있는 순진무구한 상황에 있지 않았습니다. 달리 말하면, 그리스도교 신학과 완전 별개였던

철학의 제1원리가 결국 철학이 그리스도교 계시의 영향을
받지 않아 오랜 기간 발견할 수 없었던 신과 동일하다는 생
각을 데카르트는 한순간도 의심하지 않았습니다. 우리 역사
가들이 데카르트에 관해서 서로 의견이 일치하지 않는다고
해도 놀라울 것이 없습니다. 우리 중 일부는 그가 말한 것의
역사를 씁니다. 다른 사람들은 그가 실제 했던 것의 역사를
씁니다. 데카르트가 오직 이성의 빛만으로 진리를 찾겠다고
말한 것처럼, 적어도 그가 형이상학에서 한 일은 그리스도
교의 초자연적 신학이 존재한 적 없었다는 듯이 그리스도교
자연신학의 핵심 결론을 재진술하는 것이었습니다. 리야
르Liard의 눈에 데카르트는 과학적 실증주의의 선구자입니다.
에스피나스Espinas에게 데카르트는 그의 첫 교수들이었던 예
수회 신부들의 충실한 제자로 보였습니다.[7] 사실 데카르트

---

7   빅토르 쿠쟁의 해석 때문에, 데카르트는 자기 자신의 유심론적 형이상학의 주
    창자로 여겨져 왔습니다. 데카르트의 가르침에 대한 이러한 지배적인 형이상
    학적 해석에 대항하여 다음 책은 데카르트의 과학적 요소를 강조했습니다. L.
    Liard, *Descartes* (Paris, Alcan, 1882). 이후 L. 레비-브륄(Lévy-Bruhl)의 미
    출간 원고의 영향 아래서 제가 쓴 다음 책에서도 과학적 요소를 강조했습니다.
    *La Liberté chez Descartes et la Théologie* (Paris, Alcan, 1918). 다음 책은
    모든 문제를 재고찰했고, 제 결론도 더 훌륭하게 수정하게 되었습니다. Henri
    Gouhler, *La Pensée religieuse de Descartes* (Paris, J. Vrin, 1924). 레비-
    브륄이 과학적인 정신을 가진 데카르트를 가르치던 바로 그 해, A. 에스피나스
    (Espinas)는 변증론적 정신을 가진 데카르트를 설명해 내고 있었습니다. 그
    러한 성찰의 결과는 에스피나스의 유작인 다음 작품에 담겨 있습니다. A. Es-
    pinas, *Descartes et la morale* (Paris, 1925), 2 vols. 이 문제에 관한 가장 최

는 둘 다였습니다. 하지만 그가 동일한 문제를 놓고 양면적 태도를 보였던 것은 아닙니다.

데카르트의 신은 틀림없이 그리스도교의 신입니다. 그러한 신 실존에 대한 데카르트식 증명들은 '창조되지 않고 독립적인 사유 실체'라는 명석판명한 관념을 토대로 합니다. 이러한 관념은 자연적으로 인간 마음에 생득적인 것입니다. 만약 그러한 관념이 우리 안에 왜 실존하는지 이유를 탐구한다면, 우리는 즉시 이에 대해 우리가 상상할 수 있는 유일한 설명법인 어떤 존재를 상정하게 됩니다. 즉, 그 존재에 대한 우리의 관념에 수반되는 모든 속성을 소유한 존재, 곧 스스로 실존하고, 무한하고, 전능하고, 하나이며, 유일무이한 존재를 상정하게 됩니다. 신이 존재 내지 실존한다는 것을 확인하려면 신에 관한 우리 안의 본유관념을 직접 고찰하는 것으로 충분합니다. 우리는 다른 모든 사물 안에서 본질과 실존을 구분하는 데 너무나 익숙해져 있습니다. 그래서 자연스럽게 우리는 실제로 실존하지 않는 신을 생각해 볼 수 있다고 상상하는 경향이 있습니다. 하지만 신에 관해 더 주의 깊게 생각해 보면, 우리는 이내 신이 실존하지 않는다는 생각이 엄밀히 말해 불가능함을 알게 됩니다. 신에 관한 우

근의 논의는 다음 책에서 볼 수 있습니다. Francesco Olgiati, *Cartesio Vita e Pensiero* (Milano, 1934).

리의 본유관념은 최고로 완전한 존재에 관한 관념입니다. 실존은 하나의 완전함이고, 따라서 실존을 결여한 최고 완전 존재를 생각한다는 것은 완전함을 일부 결여한 가장 완전한 존재를 생각하는 것인데, 이는 모순입니다. 따라서 실존은 신으로부터 분리될 수 없고, 결과적으로 신은 필연적으로 존재 내지 실존합니다.[8]

데카르트가 늘 역사를 경멸했다는 것은 잘 알려진 사실입니다. 그리고 역사는 그에게 톡톡히 되갚아 주었습니다. 데카르트가 자신이 지닌 신 관념의 과거를 조금이라도 조사했더라면, 모든 사람이 어떤 신 관념을 지닌다는 것은 사실이지만 모두가 혹은 언제나 그리스도교의 신 관념을 가지고 있는 것은 아니라는 점을 금방 깨달았을 겁니다. 만약 모든 사람에게 그런 신 관념이 있다면, 모세는 야웨께 이름을 물어보지 않았을 것이고, 혹은 물어봤더라도 '이런 멍청한 질문 같으니! 너는 그것을 알고 있다'라는 답을 들었을 겁니다. 데카르트는 자신의 형이상학에 그리스도교 신앙이 섞여서 이성적 순수성이 훼손되는 것을 극도로 경계했습니다. 그래서 그는 신에 관한 그리스도교의 정의가 보편적으로 본유적이라고 선언했던 것입니다. 플라톤의 본유적 **이데아들**

---

**8**    Descartes, *Méditations*, V, ed. Adam-Tannery, IX, p. 52(국역본: 『성찰』 또는 『제일철학에 관한 성찰』(라틴어판은 ed. Adam-Tannery, VII, p. 65-66)).

처럼, 신에 관한 데카르트의 본유관념은 상기想起한 관념이었습니다. 하지만 영혼이 이전의 삶에서 관조한 어떤 관념을 상기한 것이 아니라, 그저 그가 소년일 때 교회에서 배운 바를 회상한 것이었습니다.

이처럼 중요한 형이상학적 관념의 가능한 기원에 대해 데카르트는 당황스러울 정도로 무관심했습니다. 그런데 이러한 태도는 그의 철학에서 결코 우연이 아닙니다. 데카르트가 보기에 자기 이전의 사람들이 말했던 많은 것 중 상당수가 실제 진실했습니다. 데카르트는 이들 진술이 적절하다면 기꺼이 반복하였습니다. 하지만 그는 단순히 빌려 오는 정도로 뭔가를 되풀이하지 않았습니다. 데카르트 자신이 보기에 이것이 자기 철학의 가장 위대한 장점이었습니다. 즉, 데카르트의 철학은 단 하나의 참된 방법을 시종일관 따르는 최초의 철학이었습니다. 명백한 원리로부터 오류 없이 끌어낸 입증된 결과들의 연쇄로 이루어진 유일한 철학이었습니다. 고리 중 하나를 교체하는 것이 아니라 단지 그것의 위치만 바꾸더라도 연쇄 전체가 산산이 부서집니다.[9] 어떤 관념의 진리값이 연역의 순서에서 그것이 차지하는 위치와 완전히 불가분한데, 왜 그것의 기원에 관해 걱정을 해야 하나요?

**9**　Descartes, *Principes de la philoaophie*, Préface, IX, p. 19, ll. 12-26.

어떤 참된 관념이 전적으로 참인 곳은 단 한 곳뿐입니다. 그 곳은 바로 데카르트의 철학에서 발견한 자리입니다. 그리고 데카르트식 신 관념은 이러한 원리를 탁월하게 적용한 사례입니다. 분명히 이것은 데카르트 형이상학의 핵심입니다. 하지만 인간의 지혜는 하나이기에, 외따로 고립된 데카르트식 형이상학 같은 것은 없습니다. 데카르트식 형이상학에서 핵심인 것은 그의 형이상학에서 원리들을 빌려온 물리학에서도 필연적으로 핵심이어야 합니다. 요약하자면, 데카르트의 신 관념이 세계를 순수하게 과학적으로 설명하는 출발점으로서 놀라울 정도로 적합하기에, 데카르트는 자신의 신 관념에 최대의 가치를 부여하였습니다. 데카르트의 신이 형이상학적으로 참이기에, 그 신이 과학에 참 물리학의 원리들을 제공한 것입니다. 다른 누구도 참 물리학에 체계적 설명을 위해 필요한 원리들을 제공할 수 없었기에, 데카르트식 신 이외에 어떤 신도 참 신이 될 가능성이 없었습니다.

데카르트의 신에 대한 흥미로운 형이상학적 모험을 이해하기 원하는 사람은 모두 이것을 조심스럽게 기억해야 합니다. 기원으로 보자면 데카르트의 신은 그리스도교의 신입니다. 그 신은 성 토마스 아퀴나스의 신처럼 전적으로 자립적인 존재입니다. 데카르트는 가능하기만 하다면 기꺼이 그 신을 더 자립적으로 만들었을 겁니다. 하지만, 데카르트의 신은 자기 실존의 원인이 없는 그저 순수 실존 **활동**이 아닙니다. 그러한 신은 자기 실존의 무한한 에너지와 같습니다. 말하자면 자기 자체가 자기 실존의 원인인 것입니다. 물론 그러한 신을 묘사할 수 있는 말은 없습니다. 당연히 우리에게는 원인과 결과가 서로 다른 것으로 나타나므로, 마치 신이 자신의 원인인 것처럼 말하는 것은 어색합니다. 하지만 우리가 원인과 결과라는 두 개념을 서로 일치시킬 수 있다면, 적어도 이 특별한 경우에는 무한한 힘을 가진 자기 원인적 **존재**가 신을 표현하는 인간의 근사치적 언어 중 아마도 가장 덜 부적절할 것입니다.[10]

언뜻 보기에 데카르트의 신과 성 토마스의 신은 형이상학적 사유에서 약간 차이가 있을 뿐 크게 다르지 않아 보입니다. 그러나 이러한 미묘함 속에는 눈에 보이는 것보다 큰 뭔가가 있습니다. 토마스 아퀴나스가 아리스토텔레스의 최고 **사유**를 그리스도교의 '있는 나'로 변형하였을 때, 그는 철학의 제1원리를 신의 수준까지 끌어올린 것입니다. 이제 데카르트는 똑같은 그리스도교의 신에서 출발하여 신을 철학의 제1원리로 사용하고 있습니다. 그가 그리스도인으로서 믿었

---

**10**　이러한 신 관념 및 이러한 신 관념이 나오는 데카르트의 문헌에 관한 상세한 논의는 다음을 참고하십시오. É. Gilson, *Études sur le rôle de la pensée médiévale dans la formation du système cartésien* (Paris, J. Vrin, 1930).

던 신과 철학자로서 모든 사물의 최고 원인으로 인식했던 신이 똑같은 신인 것은 사실입니다. 하지만 철학자로서 데카르트에게 오롯한 신 자체가 필요하지 않았다는 것도 사실입니다. 절대적인 자기충족적 완전성으로 여겨지는 신도 철학자로서는 필요하지 않았습니다. 데카르트에게 신 자체는 종교적 신앙의 대상이었습니다. 합리적 지식의 대상이 되는 것은 '철학의 원리 중' 최고로 여겨지는 신이었습니다. 이것이 데카르트의 자연신학이 신의 속성 중 세계의 실존을 설명할 수 있는 속성들만 한정하여 고려한 이유입니다. 또한, 이러한 이유로 그의 자연신학은 데카르트식 세계의 실존을 설명하기 위해서는 이러한 속성들이 고려되어야만 한다고 생각습니다.

모두가 데카르트식 과학의 세계가 무엇인지 압니다. 그것은 철저하게 기계론적 우주입니다. 기계론적 공간에서는 모든 것이 공간의 기하학적 속성들과 운동의 물리 법칙으로 설명될 수 있습니다.[11] 신을 그러한 세계의 실존에 대한 유일하게 가능한 설명으로 본다면, 그 신의 중요 속성은 필연적으로 자기 자신의 무한한 존재에 대한 자기 관조가 아니라 자기 원인적 전능함, 즉 창조의 인과 관계에서 근원이어

11    Descartes, *op. cit.*, Deuxième Partie, IX, chap. lxiv, 101-102.

야만 합니다. 토마스 아퀴나스의 자기 충족적이고 자기를 아는 **존재** 대신, 이제 자기 원인적인 실존의 에너지가 있습니다. 비유하자면, 성 토마스 아퀴나스의 신은 실존의 무한한 대해였다면, 데카르트의 신은 실존의 힘이 무한히 뿜어져 나오는 분수라고 할 수 있습니다. 왜 그런지 이해하는 것은 어렵지 않습니다. 데카르트의 신의 궁극적인 철학적 기능은 원인이 되는 것입니다. 따라서 데카르트식 신은 데카르트식 세계의 창조자가 되는 데 요구되는 속성을 모두 소유해야만 합니다. 공간에서 무제한 확장되는 세계인 만큼 창조자는 무한해야만 합니다. 그 세계는 순전히 기계적이고, 목적인final causes이 전혀 없습니다. 이러한 세계 속에 참되고 선한 것이 참되고 선한 까닭은 신이 자기 의지의 자유로운 작정으로 세계를 그렇게 창조하였기 때문입니다. 그 역은 성립하지 않습니다. 데카르트의 기계론적 세계는 우주 안에서 일어나는 운동량이 동일하게 보존된다는 가정에 기반합니다. 따라서 데카르트의 신은 불변의 신이어야 하고, 신의 의지로 확립된 법칙들은 세계 자체가 먼저 파괴되지 않는 한 변할 수 없습니다. 요약하자면, 데카르트식 신의 본질은 자신의 철학적 기능에 의해 대부분 결정됩니다. 그 기능이란 데카르트가 그린 기계론적 과학의 세계를 창조하고 보존하는 일입니다.[12] **창조자**가 현저히 그리스도교의 신이라는 점은 사실이지만, 자신의 본질 자체가 창조자인 신은 그리스도교의 신이 전혀 아닙니다. 진정한 그리스도교의 신의 본질은 창조가 아니라 존재입니다. '있는 나'의 경우 자신이 원한다면 창조도 할 수 있습니다. 그러나 그가 창조하기 때문에—그게 아니라 심지어 그 자신을 창조한다는 이유로—그가 실존하는 것은 아닙니다. 신은 최고로 존재하기에 창조하는 것이 가능합니다.

이제 우리는 데카르트의 형이상학이 왜 그리고 어떤 의미에서 자연신학의 진화 과정에서 결정적 순간인지를 이해하게 됩니다. 하지만, 진화가 언제나 진보와 같은 말은 아닙니다. 특히 이번에는 퇴보할 운명이었습니다. 저는 여기서 성 토마스의 신이 참 신이라는 교의적 가정에 입각하여 논의하

---

**12** 따라서 파스칼은 당연하게도 다음과 같이 유명한 말을 했습니다. "나는 데카르트를 용서할 수 없습니다. 그의 모든 철학에서 그는 거리낌 없이 신을 제거할 것입니다. 그는 신을 세계가 운동하도록 자극을 주는 존재로 만들었습니다. 이것 이외에 그는 신을 더 필요로 하지 않습니다." *Pascal's Pensées*, trans. W. F. Trotter, pp. 153-154, Everyman's Library (국역본: 『팡세』). 데카르트의 자연신학에 퍼져 있는 이러한 물리적 우주관(physicism) 내지 자연주의는 모리스 블롱델이 날카롭게 관찰했고 놀라운 방식으로 분석했습니다. Maurice Blondel, "L'Anti-cartésianisme de Malebranche," in *Revue de Métaphysique et de morale*, 1916, pp. 1-26. 이 탁월한 논문에 필자가 더하고 싶은 단 하나의 사항은 말브랑슈가 자신의 반데카르주의 정신을 데카르트 철학의 용어로 표현하려 노력했다는 점입니다. 이것이 그의 개인적인 어려움이었습니다. 말브랑슈는 데카르트의 자연신학을 다시 기독교화하려고 노력하는 중에, 그리스도교의 신을 데카르트화합니다.

는 것이 아닙니다. 제가 분명하게 하려는 바는 데카르트의 신은 심지어 철학적 최고 원인으로서도 사산된 신이라는 객관적 사실입니다. 데카르트가 생각한 신은 철학적 원리의 조건으로 환원된 그리스도교의 신이기에 생존할 가망이 없었습니다. 말하자면 종교적 신앙과 합리적 사고의 불행한 혼종입니다. 그러한 신의 가장 놀라운 특성은 그의 창조 기능이 자신의 본질을 완전하게 흡수한다는 점입니다. 따라서 이후로 붙게 된 이름이 그의 진정한 이름이 됩니다. 이제 신의 이름은 '있는 나'가 아닙니다. 그는 "자연을 만든 이"The Author of Nature 입니다. 틀림없이 그리스도교의 신은 언제나 자연을 만든 이이기도 했지만, 또한 언제나 그보다 무한히 더 큰 신이었습니다. 반면 데카르트 이후 점진적으로 신은 자연을 만든 이 외에는 다른 무엇도 아닌 것이 되도록 운명지어졌습니다. 데카르트 본인은 너무나 충실한 그리스도인이었기에, 자연을 어떤 구체적인 신으로 여길 수는 없었습니다. 하지만 매우 이상하게도 데카르트는 그리스도교의 신을 자연의 최고 원인쯤으로 환원하는 것이 이와 똑같은 일임을 깨닫지 못했습니다. 데카르트가 도달한 원리들에서 필연적으로 도출되는 형이상학적 결론들은 곧이어 18세기 그의 추종자들의 최종적인 결론들이 되었습니다. 데카르트는 다음과 같이 적었습니다. "일반적으로 고려할 때, 이제 나는 자연이라는 것을 신 혹은 신이 피조물들에 설정해 놓은 질서와 배열로 이해합니다."[13]

데카르트식 자연신학이 초래한 가장 직접적인 역사적 결과는 철학적 이해 가능성의 제1원리인 신으로부터 종교적 예배의 대상인 신을 다시 분리한 것입니다. 파스칼은 다음과 같이 유명한 말로 반발하였습니다. "그리스도교의 신은 단지 수학적 진리 혹은 원소들의 질서를 만든 신이 아닙니다. 이것은 이교도와 에피쿠로스주의자들의 견해입니다. … 하지만, 아브라함의 신, 이삭의 신, 야곱의 신, 그리스도교의 신은 사랑과 위로의 신, 자신이 소유한 사람들의 영혼과 마음을 채우는 신입니다."[14] 어떤 점에서 데카르트를 곧바로 뒤따른 후계자 중 가장 위대한 이는 데카르트의 원리들을 기초로 자연신학의 통일성을 회복하기 위해 인간이 생각할 수 있는 모든 일을 다 했다고 말할 수 있습니다. 저는 데카르트의 후예들이 실패했다고 봅니다. 실제로 그들이 실패했다면 그 이유는 이러한 작업 자체가 모순이기 때문입니다. 그리고 결과론적으로 그러한 일은 이뤄질 수 없기 때문입니다.

만일 그러한 과업을 성공적으로 이루는 것이 가능했다면, 말브랑슈가 성공할 가능성이 가장 높은 사람이지 않았나 싶

---

13    Descartes, *Méditations*, VI, ed. Adam-Tannery, IX, p. 64 〔라틴어판은 ed. Adam-Tannery, VII, p. 80〕.

14    *Pascal's Pensées*, pp. 153-154.

습니다. 오라토리오회 수사로서 매우 경건한 사람이었던 말브랑슈는 이러한 철학적 실험을 성공하는 데 필요한 모든 조건을 자기 안에 갖췄습니다. 물리학자로 그는 데카르트가 놓았던 기계론적 원리들에 완전히 만족했습니다. 형이상학자로서 그는 인간 지식의 질서와 물리적 인과율의 질서에 모두 신을 인과적 효력causal efficacy의 유일한 근원으로 상정하여 데카르트주의와 아우구스티누스주의를 독창적으로 종합하려 했습니다. 신학자로서라면, 신은 언제나 자신의 존재에 맞게 활동하고, 신적 활동에서 신의 유일한 목적은 예수 그리스도의 인격 안에서의 자기 자신의 영광이라고 주장했을 겁니다. 말브랑슈는 만약 신이 존재 자체가 아니라면 신은 무엇이냐고 묻습니다. 말브랑슈의 대화편 중 하나에서 아리스트Ariste는 이렇게 말합니다. "나는 당신을 올바로 이해했다고 생각합니다. 당신은 신이 모세에게 이야기하며 자기 자신을 정의한 방식으로 신을 정의하고 있습니다. **신은 있는 자이다**God is the One who is."[15] 누군가는 이것이 진정으로, 참으로 그리스도교의 신이 아니냐고 물을지도 모릅니다.

---

**15** Malebranche, *Entretiens sur la métaphysique et sur la religion*, ed. Paul Fontana (A. Colin, 1922), Vol. I, chap. ii, sec. 4. p. 46. 말브랑슈의 가르침에 대한 전반적인 설명으로는 다음을 보십시오. Henri Gouhier, *La Vocation de Malebranche* (Paris, J. Vrin, 1926); *La philosophie de Malebranche et son expérience religieuse* (Paris, J. Vrin, 1926).

이것은 의심할 바 없이 그리스도교의 신입니다. 말브랑슈의 신은 무한히 완벽한 존재로서, "자기에게 스스로 빛이 됩니다. 자신의 실체 안에서 신은 모든 존재자의 본성과 그들의 모든 가능한 양상들 modalities을 발견합니다. 신은 자신의 작정에서 그들의 실존뿐만 아니라 그들의 현실 양상들을 발견합니다."[16] 이와 같은 정의에서는 성 토마스 아퀴나스의 신에게도 적용되지 않을 만한 단어가 하나도 없습니다. 말브랑슈는 신이 영원한 진리들을 자유롭게 창조했다는 데카르트에게 수긍하기는커녕, 아우구스티누스주의적인 신론을 완전히 회복합니다. 즉, 신은 자기 자신의 영원한 관념들을 앎으로써 현실 사물과 가능 사물을 모두 알고, 자기의 실체를 앎으로써 자신의 관념들을 압니다. 하지만, 여기서 말브랑슈의 자연신학 속으로 데카르트주의 정신이 새어 들어오는 느슨한 연결 부위가 있습니다. 자기 자신의 실체만을 보고, 거기서 모든 사물 및 그들의 모든 가지적 관계를 보는 신은 데카르트의 신과 어떤 면에서 정반대입니다. 그런데 두 철학자가 신을 이해한 방식의 차이가 발생한 지점이 매우 흥미롭습니다. 그것은 바로 데카르트의 불충분한 데카르트주의적 신을 말브랑슈가 철저하게 데카르트주의화했다는

---

**16**     Malebranche, *Entretiens sur la métaphysique et sur la religion*, Vol. I, chap. iii, sec. 10. p. 182.

사실입니다. 데카르트의 세계는 전능한 신이 자의적 의지로 만든 가지적 법칙의 세계였습니다. 말브랑슈의 독창성은 신 자체를 가지적 법칙의 무한한 세계로 생각했다는 데 있습니다. 말브랑슈의 신적 **말씀**보다 플로티노스의 최고 지성과 더 유사한 것은 없습니다. 많은 역사가가 심지어 둘이 동일하다고 말할 정도였습니다. 어쨌든 말브랑슈의 **말씀**을 데카르트적으로 변한 플라톤적 **지성**이라고 정의할 수 있을 정도로 둘은 매우 비슷합니다. 요약하여 말하자면, 데카르트의 신이 자유롭게 피조물에게 부여했던 식의 가지성을, 말브랑슈에 이르러서는 창조자가 따라야 하는 것이 되었습니다.

말브랑슈의 형이상학적 모험의 최종 결과는 데카르트적 세계 패턴을 따라 그려지는 내적인 삶을 가진 초자연적 신의 등장이었습니다. 말브랑슈의 신은 모든 유한한 참여 가능성들을 자기 안에서 그냥 압니다. 그리고 이로써 상상 가능한 모든 존재자들 및 상상 가능한 그들의 모든 관계를 압니다. 신은 가지적 연장extension에 관한 자신의 단일하고 단순한 관념 안에 구성된 존재자들의 모든 양적인 관계를 압니다. 달리 말하면, 신의 물리학은 데카르트의 물리학과 동일합니다. 이와 어찌 다를 수 있겠습니까? 공간 속 연장이라는 유일한 속성으로 모든 것이 설명되는 데카르트의 기하학적 세계가 유일하게 참된 세계이므로, 신 자신도 가지적 연장

관념을 통해서만 질료를 알 수 있고 창조할 수 있습니다. 모든 사변적인 진리들은 연장의 관계들과 관련되기에, 모든 가능한 연장의 관계에 대한 이러한 단순한 지식을 통해 질료의 세계가 신에게 인식됩니다. 마치 데카르트 자신이 질료의 세계를 인식한다고 생각했을 때처럼 말이죠.

그렇다면 공간 안에 가능한 관계들의 체계들이 무한히 많을 텐데, 우리가 살아가는 세계를 창조하고자 신이 무한한 수의 가능한 세계 중 정확하게 단 하나를 뽑아낸 사실을 어떻게 설명할 수 있을까요? 이 질문에 대한 말브랑슈의 대답은 양적인 관계들 외에도 완전함의 관계들이 있다는 겁니다. 둘과 둘을 합치면 넷이 된다는 것은 양적인 질서에서의 관계입니다. 인간이 짐승들보다 우월하다는 것은 완전함의 질서에서의 관계입니다. 양적인 관계들이 유형상 순전히 사변적이라면, 완전함의 관계들은 정의상 실천적입니다. 우리에게 더 좋게 나타나는 것은 우리에게 더 사랑할 만하게 나타납니다. 신에게도 그러합니다. 이 모두를 고려한다면, 모든 가능 존재자들 간의 모든 가능한 완전함의 관계들은 우리가 **질서**라고 부르는 무한한 체계를 형성합니다. 이제 "신은 이 불변의 질서를 사랑함에 있어 굴함이 없습니다. 이 질서는 신의 속성들 사이와 신의 실체 안에 구성된 관념들 사이에 있는 완전함의 관계들 안에만 존재하며, 그 관계들 안에만 존재할 수 있습니다." 그렇다면 신은 이 영원하고 절대적인 질서와 모순되는 무언가를 사랑하거나 의도하려면, 자신의 완전함을 거스르면서 사랑하거나 의도해야 합니다.[17] 이것이 신이 지금과 같은 하나의 세계를 창조한 이유입니다. 절대적인 측면에서 이것은 가장 완벽한 가능 세계가 아닙니다. 하지만 이 세계가 보편적이고 제일적第一的이고 가지적 법칙들이 지배하는 세계여야 한다는 점을 고려한다면, 최소한 이것은 신이 창조할 수 있는 가장 완전한 세계입니다.[18] 개별적으로 완전한 것들의 집합체는 법칙으로 규제되는 사물들의 질서가 아니기 때문에 전체도 아니고 세계도 아닐 것입니다.

　말브랑슈의 신을 이해하는 최고의 방법은 다음과 같은 질문을 던져 보는 것이 아닐까 싶습니다. 가령 데카르트식 세계가 모든 가능 세계 중 가장 가지적인 세계라 하더라도, 왜 신은 세계를 창조하기 위해 딱 데카르트식 세계를 골랐을까요? 이에 대한 자연스러운 답변은 신은 최고로 지성적이기에, 데카르트가 신이라면 했을 일을 신이 못했을 리 없다는 겁니다. 주목할 만하게도 이것은 정확하게 데카르트가 '세계'에 관한 미완성 논문의 도입부에서 자신에게 물었던 방식이

---

**17**　*Ibid.*, Vol. I, chap. viii, sec. 18, pp. 185-187.

**18**　*Ibid.*, Vol. II, chap. ix, sec. 10, pp. 209-211.

기도 합니다. '이 세계는 무엇으로 만들어졌나?' 하는 식의 물음이 결코 아닙니다. 오히려 물음은 다음과 같습니다. 우리가 무로부터 완벽하게 합리적인 우주를 창조해야 한다면, 우리는 어떻게 그 일을 할 수 있을 것인가? 말브랑슈는 똑같은 길에서 단 한 걸음 더 나간 것 외에 아무것도 하지 않았습니다. '신이 또 다른 우주를 만들 수 있었는가?'라는 질문에 대한 성 토마스의 답은 다음과 같은 식입니다. '물론, 당연합니다. 신은 완벽하기에, 신이 만든 세계는 매우 좋습니다. 그러나 신은 다른 좋은 세계를 많이 만들 수도 있었습니다. 이러한 수많은 가능한 우주 중에 왜 신은 이 세계를 골라서 실존을 선사했는지 우리는 알지 못합니다. 신은 자유롭습니다.' 말브랑슈도 항상 신에게는 창조하거나 창조하지 않을 자유가 영원하다고 주장했습니다. 하지만 그는 다음과 같은 내용을 덧붙였습니다. 신은 창조를 선택할 자유가 있으므로, 완전한 신에 걸맞게 행하는 신이 창조할 수 있는 최고의 세계를 창조하게끔 신을 묶어 둔 것은 신의 완전성입니다.

매우 분명하게도 여기서 완전함이라는 개념은 존재 개념보다 우선합니다. 말브랑슈는 여전히 신을 **존재**라고 부릅니다. 하지만 사실 아우구스티누스의 막대한 영향력 아래서 그는 신을 플로티노스나 플라톤의 **선**과 같이 이해하고 있습니다. 이제, **선**조차도 본질 내지 본성으로 있습니다. 또한 신이 완전하므로 실존하지 않는 것이 불가능하다고 말하는 것과 신이 '있는 나'이기에 완전하지 않을 수 없다고 말하는 것 사이에는 엄청난 차이가 있는데, 말브랑슈는 후자를 이야기하면서도 전자를 생각하고 있었습니다. 결과적으로, 성 아우구스티누스의 가장 경건한 제자는 무의식적으로 그보다 13세기 앞서 있었던 스승의 곤란한 입장으로 되돌아갔습니다. 그는 자신의 계시신학에 대한 자연철학을 가지고 있지 않았습니다. 그의 철학의 신은 그의 종교의 신과 같지 않았습니다.

이러한 사실에는 놀랄 만한 것이 하나도 없습니다. 철학적 방법에 관해서라면, 말브랑슈는 데카르트주의자였습니다. 데카르트주의적 방법 중 몹시 중요한 것, 어쩌면 가장 빠져서는 안 되는 것은 사물에서 관념으로 가지 않고, 반대로 관념에서 사물로 가는 것이었습니다. 데카르트주의자들에게 실존은 본질을 통해서만, 그리고 본질 안에서만 주어집니다. 신 관념이 우리 안에 있다는 사실, 그리고 거기서 발견되는 것처럼 신 관념이 실존을 포함한다는 사실이 아니라면, 신이 실제로 실존한다고 상정할 수도 없습니다. 데카르트는 「제5성찰」에서 분명히 다음과 같은 식으로 말했습니다. 즉, 우리가 신 관념에서 도무지 실존을 분리할 수 없기에 신은 필연적으로 존재 내지 실존한다는 것입니다. 말브랑슈도, 자신의 체계에 적합한 사유와 미세하게 달랐지만, 대체로 동일한 입장에 머물렀습니다. "우리는 실존 없는 **무한**의 본질을, 존재 없는 **존재** 관념을 알 수 없습니다."[19] 동일한 이유로 라이프니츠도 같은 입장을 가졌습니다. 그가 좋아하는 신 실존 증명은 본질들의 원인으로 유일하게 생각할 수 있는 것으로 신을 상정합니다. 따라서 신을 자신의 본질이 실존을 포함하는 필연적 **존재**로, 혹은 "그 안에서 가능성이 현실인 것을 낳기에 충분한" 필연적 **존재**로 상정한 것입니다. 실존보다 본질이 우선한다는 점에 관하여 다음과 같은 말보다 더 완벽한 문구를 기대하기 힘들 겁니다. "오직 신만이, 또는 **필연적 존재**만이, 그런 존재가 가능하다면[즉, 그의 본질이 모순 없이 생각될 수 있다면], 그는 필연적으로 실존한다는 특권을 갖는다."[20]

신이 자신의 가능성 자체가 자신의 현실을 낳는 **존재**라면, 그런 신이 창조한 세계는 그런 신이 창조할 수 있는 유일한 세계임이 너무 당연합니다. 라이프니츠식 신에 관한 최고의 정의는 절대적으로 완전한 존재입니다.[21] 그러하기에 라이

---

19    *Ibid.*, Vol. I, chap. ii, sec. 5, p. 47.

20    라이프니츠 「모나드론」『형이상학 논고』(아카넷 역간), 44, 46, English trans. by G. R. Montgomery, *Monadology* in *Discourse on Metaphysics, Correspondence with Arnauld and Monadology* (2d ed., The Open Court Co., 1918), p. 268.

21    Leibniz, *Discourse on Metaphysics*, chap. I, 8.

프니츠의 신은 또한 무한하게 관대한 신이어야 합니다. 적어도 도덕적인 측면에서 신은 자신의 완전함을 전달하지 않을 수 없기에 창조를 해야 합니다. 그렇다면 완전한 신은 오직 최상의 가능 세계만을 창조할 수 있습니다. 무한하게 많은 가능 세계 중 최상의 세계란, 생각할 수 있는 가장 풍성한 결과를 가장 단순한 수단으로 얻는 곳임이 분명합니다. 라이프니츠 본인의 말대로, 이는 수학자들이 최댓값과 최솟값의 문제라고 부르는 것입니다. 이러한 문제들은 오직 하나의 해결책만 허용합니다. 결론적으로 최상의 가능 세계는 정확히 우리가 속해 있는 세계입니다.[22] 이것은 매우 만족스러운 확실성입니다. 최소한 그 확실성이 지속되는 한에서는 그렇습니다. 볼테르는 이러한 생각이 리스본 지진 이후에는 더 지속될 수 없다고 생각했습니다. 하지만 거기에 형이상학적 어려움이 있지는 않았습니다. 오히려 라이프니츠가 자연에 불과한 신을 우리가 최고 존재로 받아들이도록 꾸몄다는 사실에 문제가 있습니다. 사실 『모나드론』의 신은 어떤 세계를 창조할 것인가의 문제를 라이프니츠가 최근 발견한 미적분학으로 해결한 것만 빼면 플라톤의 선에 불과합니다.

데카르트의 후계자 중 가장 위대한 형이상학자는 스피노

---

**22**    *Ibid.*, chap. v, pp. 8-9.

132 | 철학자들의 신: 역사적 개관

자입니다. 데카르트가 생각하고 말했던 바로 그 신에 관해 그리스도인이 아니라 철학자로서 말한 첫 사람이 스피노자이기 때문입니다. 데카르트는 종교적으로 옳고 철학적으로 틀렸거나, 철학적으로 옳고 종교적으로 틀렸습니다. 스피노자는 철학과 종교 모두에서 옳거나, 아니면 둘 모두에서 틀렸습니다. 스피노자는 그리스도인의 종교도 유대인의 종교도 가지지 않았습니다. 종교가 없었기에 그에게 종교철학을 기대할 수도 없습니다. 그는 순수하게 철학자였습니다. 이는 그가 적어도 자신의 철학이라는 종교를 가졌음을 설명해 줍니다. 스피노자의 신은 절대적으로 무한한 존재 혹은 실체입니다. 그 신은 "본질이 실존을 포함"[23]하기에 자기 원인입니다. 여기서 본질의 우선성이 강렬히 강조되어 있어서, 아무도 그 형이상학적 중요성을 놓칠 수 없을 정도입니다. 혹자는 데카르트의 가르침에서 신의 본질이 자기 안에 실존을 포함하는지, 혹은 오직 우리 정신 안에서만 실존을 포함하는지 궁금해할 수 있습니다. 그러나 스피노자의 『에티카』에서는 갈팡질팡할 수 없습니다. 네모난 원은 실존할 수 없는데, 왜냐하면 본질상 모순이기 때문입니다. 마찬가지로 신은

---

**23** 『에티카』 1부 정의 1과 6, English trans., *Spinoza's Ethics*, Everyman's Library, p. 1. 스피노자의 철학에 관해서는 다음을 보십시오. Victor Delbos, *Le Spinozisme* (Paris, Société Française d'Imprimerie et de Librairie, 1916).

실존하지 않을 수 없는데, 왜냐하면 스피노자의 말대로 "실체의 본성은 실존을 포함하므로 실체의 실존은 **오직 실체의 본성에서 비롯하기**"[24] 때문입니다. 따라서 모든 사물의 실존이 우주의 본성에 속한 실존의 힘만을 나타내는 우주를 상상해 봅시다. 거기에는 오직 하나의 존재만이 필연적으로 실존한다고 상정됩니다. 그것은 신, 혹은 절대적으로 무한한 존재인데, "실존의 무한한 힘이 자신에게서 나오기" 때문에 절대적으로 존재 내지 실존합니다.[25] 하지만 "단지 자기 본성nature의 필연성에 의해 실존하고 행동하는"[26] 신은 자연nature과 다를 바 없습니다. 더 정확히 말하면 신은 자연 자체입니다. *Deus sive Natura*신은 곧 자연.[27] 신은 절대적 본질이며 그 본유적 필연성이 존재하는 모든 것의 존재를 필연적으로 만듭니다. 그래서, 모든 것이 존재한다는 면에서 "신의 영원하고 무한한 본질을 필연적으로 포함하고 있는"[28] 것처럼, 절대적으로 신은 존재하는 모든 것입니다.

스피노자는 반대자들에 의해 무신론자로 종종 낙인찍혔

---

24　『에티카』 1부 정리 11(영역본 p. 8).

25　『에티카』 1부 정리 11(영역본 p. 9).

26　『에티카』 1부 보충(영역본 p. 80).

27　『에티카』 4부 서론(영역본 p. 142).

28　『에티카』 2부 정리 45(영역본 p. 72).

습니다. 반면 그를 찬미하던 독일인 중 한 명이[29] 그를 "신에 심취한 사람"이라고 부르기도 했습니다. 이 두 상반된 판단이 모두 참이라는 사실 때문에 자연신학의 역사에서 스피노자가 이토록 중요하게 되었습니다. 종교적 무신론자로서 스피노자는 자신의 철학적 신에 진정으로 취해 있었습니다.[30] 그가 보기에 실정 종교들은 사람들이 실질적이고 정치적인 목적으로 만들어 낸 신인동형론적 미신에 불과했습니다. 아니나 다를까 그의 눈에는 언제나 유대인이나 그리스도인이 무신론자로 비쳤습니다. 하지만 이러한 모습의 이면을 간과해서는 안 됩니다. 스피노자는 철학자로서, 자신의 철학적 신에게 이제껏 모든 사람을 통틀어 가장 경건한 사상가일 겁니다. 이러한 호칭을 놓고 아마 마르쿠스 아우렐리우스와 플라톤이라면 그와 경쟁할 수 있을지 모르겠습니다. 하지만 플라톤은 선을 예배하는 정도까지는 결코 안 갔습니다. 마르쿠스 아우렐리우스의 종교는 자신이 변경할 수 없는 사물들의 질서를 받아들이는 것일 뿐이었습니다. 스피노자는 자연을 받아들이는 것 이상의 일을 할 수 있었습니다. 자연을 절

---

**29**    노발리스(Novalis).

**30**    실정 종교들(positive religions)에 대한 스피노자의 비판은 그의 『신학-정치론』(*Theologico-Political Treatise*)을 보십시오. 다른 무엇보다도 자기 입장에 대한 스피노자의 분명하고 거침없는 진술로는 『에티카』의 1부 보충을 보십시오(영역본 pp. 80-86).

대적으로 가지적인 실재로 이해함으로써, 점차 그는 망상과 오류, 악, 정신적 노예 상태에서 자신을 해방하였고, 영적 자유와 분리될 수 없는 궁극의 인간 지복beatitude에 도달하고 있었습니다. 개인적으로 저는 스피노자의 종교를 가볍게 말하지는 않을 겁니다. 그것은 오직 철학만으로 인간의 구원을 이루는 방식에 대한 100% 순수 형이상학적인 답변입니다. 제가 참 종교라고 믿는 그리스도교가 그에게는 유치한 신화 조각에 불과하다는 사실을 잘 알고 있습니다. 그러나 저는 스피노자에게 무한한 고마움을 느낍니다. 그는 모든 실정 종교를 순전히 신화적이라고 폐기하고는, 그 자리를 자신의 철학적 신화로 대체하지 않았기 때문입니다. 스피노자는 '있는 나'를 단지 '있는 것'that which is으로 바꿔 버린 유대인입니다. 그는 '있는 것'을 사랑했을 수도 있겠지만, 그것이 자신을 사랑하리라고 일말의 기대도 하지 않았습니다. 우리가 진정 스피노자의 방식으로 스피노자를 극복하는 유일한 길은 그의 한계를 한계로 이해함으로써 그의 한계로부터 자유로워지는 것입니다. 이것은 **존재**를 실존의 본질이 아니라 본질의 실존으로 다시 파악하는 것을 의미합니다. 즉, 존재를 하나의 사물로 생각하는 것이 아니라, 하나의 활동으로 접촉하는 것입니다. 스피노자의 형이상학적 실험은 적어도 다음과 같은 점을 결정적으로 보여 줍니다. 즉, 진정한 이름이 '있는 나'가 아닌 종교적 신은 신화에 불과하다는 점입니다.

인간의 어리석음을 감식하고자 살펴볼 대상 중 가장 매력적인 것은 바로 17세기 중반부터 18세기 말까지 수많은 사람의 마음을 홀린 신화라고 할 수 있습니다. 여기서 '홀린' haunted은 정확한 표현입니다. 이 호기심을 돋우는 신화는 그리스도교 신의 철학적 유령에 불과하기 때문입니다. 이신론자들Deists의 역사에 관해 잘 쓴 개관은 몇몇 있었지만, 한 번도 그 전체의 역사가 쓰이지는 않았습니다. 그리스도인들은 언제나 이신론자들이 실제로는 무신론자일 뿐이라고 간주했습니다. 보쉬에Bossuet은 "이신론은 변장한 무신론"이라고 말했습니다.[31] 이는 실상을 다소 단순화한 진술이긴 합니다만, 적어도 실정 종교들의 신에 관해서라면 맞는 진술이기도 합니다. 이신론자들은 소위 계시된 신의 우화적인 특징을 놓고서는 스피노자와 완전히 일치하였습니다. 반면, 그들의 이름에서 볼 수 있듯이 이신론자들에게는 신이 있었습니다. 그 신이 자연적으로 알려지는 신이라는 사실에 방점이 있지만, 그들이 철학자들처럼 신을 생각했던 것은 결코 아닙니다. 이신론자들의 신은 플라톤의 **선**과 같이 지성으로 알 수 있는 제1원리도, 아리스토텔레스의 자기를 사유하는 **사유**도, 스피

---

**31**    J. B. Bossuet, *The History of the Variations of the Protestant Churches*, Bk. V, chap. xxxi.

노자의 **무한 실체**도 아닙니다. 드라이든 Dryden 이 자신의 유명한 서신, 『평신도의 종교, 혹은 평신도의 운명』 *Religio Laici: Or Layman's Fate* 에서 묘사했듯, 이신론자의 신은 궁극적 존재로, 모든이가 찬양과 기도의 유일한 규칙으로 동일하게 보편적으로 예배합니다. 여전히 그 신은 인간의 범죄에 마음이 상할 수도 있었고, 인간이 죄를 지었을 때 회개하면 그들의 잘못을 사해 줄 것으로 생각됩니다. 이신론자의 신은 마찬가지로 자신의 정의를 궁극적으로 실현하는 신이었습니다. 신적 정의가 현세에 실현되지 못한다면, 그 정의는 선한 자는 상을 받고 악한 자는 심판받는 내세에 실현됩니다.[32]

드라이든 본인은 이신론자가 아니었습니다. 하지만 이신론자들의 가르침에 대한 그의 묘사는 정확했습니다. 이러한 호기심 돋우는 정신 기형학 teratology, 즉 자연 그리스도교 a natural

---

**32**  이신론은 최소한 16세기로 거슬러 갈 수 있을 정도로 오래되었습니다. 『그리스도교 교양』(*Instruction chrétienne*, 1563)에서 칼뱅주의 신학자 비레(Viret)는 신은 믿지만 그리스도는 믿지 않는 사람들을 비판합니다. 그런 사람들에 따르면 복음서의 가르침은 단지 수많은 우화일 뿐입니다. 영국의 이신론에 관해서는 다음 논문을 보십시오. "Christianisme rationnel," in *Dictionnaire de théologie catholique*, Vol. II, col. 2415-2417. 이신론의 문제 전반에 관한 좋은 입문으로 같은 사전의 다음 논문을 들 수 있습니다. "Déisme," Vol. IV, col. 232-243; bibliography, col. 248. 이 문제에 관한 더 학문적인 논의는 다음을 보십시오. Max Frischeisen-Köhler and Willy Moog, *Die Philosophie der Neuzeit bis zum Ende des XVIII. Jahrhunderts* (Berlin, 1924), pp. 376-380; bibliography, pp. 688-689.

Christanity의 표본이 아니라면 그들의 가르침은 무엇이겠습니까? 존 톨런드John Toland가 1696년에 출판한 유명한 책 제목에 이신론 전체가 아주 간결하게 들어 있습니다. 저는 그 제목이 이신론자들의 구호가 되어야 했다고 말하고 싶습니다. 『신비롭지 않은 그리스도교』*Christianity Not Mysterious*. 톨런드의 책은 1697년에 더블린에서 사형 집행인에 의해 불태워졌습니다. 하지만 이신론의 자연종교는 톨런드의 책보다 먼저 있었듯이, 톨런드의 책이 받은 비난에도 불구하고 계속 살아남았습니다. 잉글랜드의 이신론은 처버리의 허버트Herbert of Cherbury, 1581-1648, 찰스 블런트Charles Blount, 1654-1693, 매튜 틴들Matthew Tindal, 1653-1733로 대표됩니다. 이신론은 볼테르와 루소처럼 서로 몹시 다른 다양한 사람들을 통해 18세기 프랑스를 지배했고, 이것은 프랑스 혁명 당시에 로베스피에르가 공식적으로 개최한 최고 존재 제전the cult of the Supreme Being으로 이어졌습니다.

그리스도교 자체에 대한 반대와 순수한 자연 이성의 힘으로 유지되었던 이 사상에 그리스도교의 신이 살아남아 있다는 것보다 그 신께 돌릴 더 큰 찬사는 제가 알기로 없을 겁니다. 거의 두 세기 동안 그리스도교 종교의 유령은 이 같은 그리스도교 신의 유령을 수반했습니다―두 세기라고 한 것은 제가 개인적으로 아는 프랑스 이신론자를 예로 들 수 있기 때문입니다. 여기서 그리스도교의 유령이란 종교성에 대한 모호한 감정을 의미합니다. 이는 좋은 동료들이 어려운 상황에 부닥칠 때 희망을 품고 도움을 청할 만한 지극히 선한 친구를 향해 보이는 신뢰의 친숙함 같은 것입니다. *le Dieu des bonnes gens*<sup>좋은 사람들의 신</sup>. 하지만 종교적 예배의 대상으로서, 이신론자의 신은 아브라함과 이삭과 야곱의 살아 있는 신의 유령이었을 뿐입니다. 순수한 철학적 사변의 대상으로서, 그 신은 스피노자가 최종적으로 내렸던 사형 선고를 받은 신화에 불과했습니다. 퐁트넬과 볼테르, 루소, 그리고 이들과 함께한 많은 이가 '있는 나'와 더불어 실존의 문제가 가진 참 의미를 망각했습니다. 이로써 목적인의 문제에 관한 가장 얄팍한 해석에 자연스럽게 의존했습니다. 그리고 신은 퐁트넬과 볼테르의 '시계 제작공', 혹은 이 세계라는 거대 기계를 다루는 최고 기술자가 되었습니다. 요약하자면, 신은 다시금 플라톤의 『티마이오스』에 이미 있었던 것, 즉 데미우르고스가 되어 버렸습니다. 유일한 차이는 데미우르고스가 이번에는 세계의 질서를 세우기 전에 뉴턴과 상의했다는 점입니다. 플라톤의 데미우르고스처럼, 이신론자들의 신은 철학적 신화입니다. 이상하게도 우리의 동시대인들도 여전히 이 신화가 실제로 실존하는지를 자문자답합니다. 그들은 답변은 '아니다'입니다. 이렇게 답했다는 점에서 우리의 동시대인들은 옳습니다. 하지만 데미우르고스가

존재하지 않는다는 사실이 신이 존재하지 않는다는 것을 증
명하지는 않습니다.

# IV

# 신과 현대 사상

오늘날 신 문제의 위치는 임마누엘 칸트와 오귀스트 콩트의
사상이 완전히 좌우하고 있습니다. 그들의 가르침은 두 철
학 사상이 얼마나 다를 수 있는지의 극치를 보여 준다고도
할 수 있습니다. 하지만 칸트의 비판철학과 콩트의 실증주
의는 공통점이 있습니다. 둘 모두에서 지식 개념은 과학적
지식 개념으로 축소되었고, 과학적 지식 개념 자체는 뉴턴
물리학이 마련한 방식으로 파악 가능한 부류로 축소되었습
니다. 여기서 '안다'라는 동사는 주어진 사실들 사이의 관찰
가능한 관계를 수학적으로 표현하는 것을 의미합니다.[1] 이

1    칸트와 콩트의 형이상학 비판에 대한 일반적 개론으로 다음을 보십시오. É.
    Gilson, *The Unity of Philosophical Experience* (New York, Scribner,

제 우리가 이것을 아무리 살펴보더라도, 어떤 주어진 사실도 신에 관한 우리의 관념에 답을 하지 않을 것입니다. 신은 경험적 지식의 대상이 아니기에, 우리는 신에 관한 개념을 가지지 않습니다. 결론적으로 신은 지식의 대상이 아니요, 우리가 자연신학이라 부르는 것은 한가한 잡담일 뿐입니다.

데카르트식 혁명은 칸트식 혁명과 비교하면 혁명으로 불릴 만한 자격도 거의 없다고 할 수 없습니다. 토마스 아퀴나스에서 데카르트까지는 분명히 긴 거리입니다. 그러나 둘 사이가 엄청 멀다고 하더라도, 둘은 비교할 만한 사상의 선상에 있습니다. 칸트와 그들 사이에는 선이 끊어졌습니다. 그리스도교 철학자들은 그리스인들을 따라서 다음과 같은 물음을 던졌습니다. 그리스도교 신이 제기하는 문제들에 대한 답을 그리스 형이상학에서 얻을 수 있을까? 수 세기에 걸친 인고의 작업 후에야 그들 중 한 명이 결국에 답을 찾습니다. 이것이 토마스 아퀴나스가 그리스도교적인 것들을 이야기하고자 아리스토텔레스의 언어를 계속 사용하는 것을 보게 되는 이유입니다. 그리스도교 철학자들의 뒤를 이어 등장한 데카르트와 라이프니츠, 말브랑슈, 스피노자는 자신들이 새로운 문제에 마주쳤다는 것을 알았습니다. 17세기 과

1937), Part III, pp. 223-235.

학의 세계를 어떻게 형이상학적으로 정당화할 것인가? 과학자로서 데카르트와 라이프니츠는 자신들만의 형이상학을 가지지 않았습니다. 아우구스티누스와 토마스 아퀴나스가 그리스인들로부터 기법을 빌렸듯, 데카르트와 라이프니츠는 앞선 그리스도교 철학자들로부터 기법을 빌려야 했습니다. 그러한 이유로 우리는 데카르트와 라이프니츠, 스피노자, 심지어 로크의 작품 속에서 엄청나게 많은 스콜라철학적 표현을 보게 됩니다. 그들 모두 비스콜라철학적 세계에 대한 비스콜라철학적 견해를 표현하고자 스콜라철학의 언어를 자유자재로 사용했습니다. 그들은 근대 과학의 기계론적 세계에 대한 궁극의 정당성을 다소 전통적인 형이상학에서 찾고 있었던 것으로 보입니다. 요컨대 이들 모두에게 자연을 알기 위한 궁극의 원리는 여전히 **자연을 만든 이**, 즉 신이었습니다. 이 점은 뉴턴도 마찬가지입니다.[2]

그런데 칸트의 비판철학과 콩트의 실증주의로 사태가 완전히 달라졌습니다. 신은 시간과 공간이라는 감성의 선험적 형식으로 파악할 수 있는 대상이 아닙니다. 그렇기에 신은 인과 관계라는 범주에 따라 어떤 것과 연관될 수 없습니다.

---

**2** 원인이라는 과학적 개념에 관한 현대적 논의는 다음을 보십시오. Émile Meyerson, *Identité et réalité* (2d ed., Paris, Alcan, 1912), p. 42. *De l'explication dans les sciences* (Paris, Alcan, 1921), I, 57, *Essais* (Paris, J. Vrin, 1936), 28-58.

따라서 칸트는 결론짓기를, 신은 이성의 순수 이념, 즉 우리 인식에 통일성을 부여하는 일반 원리일 수 있으나 인지 대상은 아닙니다. 혹은 우리는 실천 이성의 필요에 따라 요청된 신의 실존을 상정해야 할 수도 있습니다. 이때 신의 실존은 상정되는 것이기에 여전히 인식된 것은 아닙니다. 콩트는 자신만의 훨씬 더 급진적인 방식으로 같은 결론에 이르렀습니다. 즉, 과학에는 원인 개념이 필요 없다는 것입니다. 과학자들은 사태가 **왜** 일어나는가를 묻지 않고 **어떻게** 일어나는가를 묻습니다. 형이상학의 원인 개념을 실증주의의 관계 개념으로 대체하면, 곧바로 여러분은 사물들이 **왜** 있으며 사물들이 왜 이런 모습으로 있는가에 대해 경이로워할 모든 권리를 상실하게 됩니다. 이 모든 물음이 실제적 지식의 질서와 무관하다고 일축한다면, 이는 신의 본성과 실존에 관한 모든 사변의 뿌리를 잘라 내는 것이기도 합니다.

13세기 그리스도교 사상가들은 그리스도교의 우주에 관한 완벽하게 일관성 있는 철학을 이루어 내고자 했습니다. 약 두 세기 동안 근대 과학자들은 근대 과학의 기계론적 우주에 부합하는 완벽하게 일관성 있는 철학을 이루어 내고자 했습니다. 이것은 우리가 알아야 할 매우 중요한 사실입니다. 이것은 순수하게 철학적인 입장을 실제로 어디서 찾아야 할지를 분명하게 보여 주기 때문입니다.

우리가 추구하는 것이, 궁극적 사실로 주어진 과학적 세계에 대한 합리적 해석이라면, 칸트 본인의 비판철학이나 현대 과학의 요청에 맞게 수정된 칸트 비판철학이 우리의 질문에 만족스러운 답을 줄 것입니다. 아니면 콩트의 실증주의 혹은 수정된 콩트의 실증주의를 더 선호할 수도 있겠습니다. 우리의 동시대인 상당수가 이러한 두 가지 가능한 태도 중 하나를 실제로 취하고 있습니다. 신비판철학은 독일에서는 파울젠Paulsen이나 파이힝어Vaihinger, 프랑스에서는 르누비에Renouvier로 대표됩니다. 이 입장의 가장 순수한 형태는 우리의 동시대인 레옹 브룅슈비크Leon Brunschvicg 교수의 작품에 있을 겁니다. 실증주의와 관련해서는, 잉글랜드에서 중요한 인물로는 예컨대 존 스튜어트 밀John Stuart Mill과 허버트 스펜서Herbert Spencer가 있습니다. 프랑스에는 에밀 리트레Emile Littre, 에밀 뒤르켐Emile Durkheim이 있고, 또한 프랑스 사회학파 전체가 실증주의입니다. 실증주의는 최근에 비엔나학파의 신실증주의에 의해 새로운 형태로 재유행하였습니다. 물론 이들 사이에 서로 많은 차이가 있습니다. 하지만 이들로 대표되는 학파들은 적어도 환원할 수 없는 궁극적인 사실로 주어진 과학의 세계에 대한 이성적인 해석에 이르는 것 이상으로 자신들의 야망을 확장하지 않는다는 공통점이 있습니다.

과학만으로 충분한 이성적 지식에 이를 수 없다면,[3] 혹은 우주와 관련하여 과학적으로 답할 수 없는 문제도 이성적으로 제기할 수 있다면, 18세기에 주창되었던 **자연을 만든 이**에서 멈출 필요가 없습니다. 우리가 신을 가질 수 있다면, 왜 신의 유령으로 만족해야만 합니까? 스피노자의 신, 라이프니츠의 신, 데카르트의 신 각각의 장점을 비교하며 따지느라 시간을 낭비할 이유도 없습니다. 이제 우리는 이러한 신들이 무엇인지 압니다. 이들은 살아 있는 그리스도교 신이 철학적으로 변질되어 태어난 부산물일 뿐입니다. 오늘날 우리의 유일한 선택지는 칸트냐 데카르트냐가 아닙니다. 오히려 칸트냐 토마스 아퀴나스냐입니다. 다른 모든 입장은 절대적인 종교적 불가지론 아니면 그리스도교 형이상학의 자연신학으로 이어지는 길 중간쯤에 있는 타협점일 뿐입니다.[4]

철학적인 타협점에는 언제나 사람들로 붐볐습니다. 하지만 우리의 시대만큼, 특별히 자연신학 영역에서만큼 붐비지는 않았습니다. 이러한 사실은 완전히 설명 불가능한 것이

---

3    이렇게 지나치게 제한된 이성적 지식 관념에 대한 비판적 논의는 다음 책에서 볼 수 있습니다. J. Maritain, *The Degrees of Knowledge* (New York, Scribner, 1938); W. R. Thompson, F.R.S., *Science and Common Sense, an Aristotelian Excursion* (New York, Longmans, Green, 1937), pp. 47-50.

4    루돌프 오이켄의 철학적 선언을 참조하십시오. Rudolf Eucken, *Thomas von Aquino und Kant, ein Kampf zweier Welten* (Berlin, Reuther & Reichard, 1901).

아닙니다. 우리가 토마스 아퀴나스로 돌아가기 힘들게 만든 이는 칸트입니다. 현대인들은 과학의 주문에 걸려 있습니다. 어떤 경우에는 사람들이 과학을 알기 때문에 과학의 주문에 사로잡힌 것입니다. 하지만 상당수의 경우는 과학을 아는 이들이 볼 때 신의 문제를 과학적으로 공식화할 여지가 없기 때문에 과학의 주문에 묶여 있는 것입니다. 토마스 아퀴나스는 둘째 치고 칸트에게도 가기 힘든 이유는 칸트의 자연신학의 기초를 제공하는 사실들로 이루어진 전체 질서 때문입니다. 신의 실존에 관한 모든 철학적 증명과 매우 다른 자생적인 자연신학이라 할 만한 것이 있습니다. 대부분 사람에게 관찰되는 거의 본능에 가까운 어떤 경향성이 있는데, 이 경향성은 우리가 신이라 부르는 그런 비가시적 존재가 있는지 없는지 궁금하게끔 하는 것 같습니다. 오늘날 그러한 감정은 우리 안에 원시적 신화나 어린 시절 종교 교육이 잔존하는 것에 불과하다는 주장도 있습니다. 하지만, 이는 이러한 경향성에 대한 강력한 반론이 되지는 못합니다. 원시적 신화들은 신성의 실존에 대한 인간의 믿음을 설명해 주지 않습니다. 분명히 그 반대가 참입니다. 어린 시절 받는 종교 교육은 사람들 마음에 문득문득 떠오르는 신의 실재 혹은 비실재에 관한 물음에 충분한 답을 주지 못합니다. 우리 중 일부는 확고한 반종교적 교육을 받았습니다. 종교 교육을 전혀 받지 않은 사람들도 있습니다. 한때 종교 교육을 받았더라도 신에 관해 심각하게 고민할 만한 동기가 없었던 사람도 꽤 있습니다.[5] 자연스럽게 신 문제에 마음을 쏟게 하는 자극은 매우 다른 근원들에서 유발됩니다. 이는 그리스 신화뿐만 아니라 모든 신화를 일으킨 것과 똑같은 근원들입니다. 신은 우리 대부분에게 자연스럽게 자신을 나타냅니다. 우리가 대양의 광대함이나 산들의 고요한 정갈함, 한여름 밤 별빛 하늘의 신비로운 삶과 마주할 때, 신은 문제에 대한 해답으로보다는 불분명하게 느껴지는 현전으로 자신을 나타냅니다. 신에 대해 생각해 보고 싶은 이러한 찰나의 유혹은 보통 본질상 사회적인 것과는 거리가 먼 고독의 순간에 우리를 찾아옵니다. 인간이 깊은 슬픔에 빠져 있거나 임박한 자신의 마지막에 대한 비극적 관점과 마주하는 것만큼 혼자임을 느끼는 고독한 상황은 없습니다. "사람은 홀로 죽는다"라고 파스칼은 말했습니다. 그것은 아마도 그토록 많은 사람이 죽음의 문턱에서 그들을 기다리는 신을 결국에는 만나는 이유일지 모릅니다.

이러한 감정들은 무엇을 증명할까요? 아무것도 증명하지 않습니다. 이것들은 증명이 아니라 사실입니다. 철학자들이

---

**5**　역사가들이 종종 굴복하는 유혹을 알기에, 저는 마지막에 언급한 것에 자전적 요소가 전혀 없다고 밝히는 것이 더 안전하다고 생각합니다.

신의 실존 가능성에 관한 정확한 질문을 자기 자신에게 던지는 계기를 제공하는 바로 그런 사실들입니다. 그러한 개인적 경험들이 신이 있다는 것을 증명하려는 어떠한 시도보다 선행하듯, 우리가 신이 있음을 증명하는 데 실패하더라도 이러한 경험들은 잔존합니다. 파스칼은 소위 신 실존 증명을 중요시하지 않았습니다. 그에게 신이 실존한다는 것은 이해를 넘어서는 일이었고, 신이 실존하지 않는다는 것도 이해를 넘어서는 일이었습니다. 그러니까 그는 그저 신이 실존한다는 데 내기를 걸 겁니다. 이것은 확실히 안전하게 건 것입니다. 얻을 것은 많지만 잃을 것은 없기 때문입니다. 내기를 한다는 것은 모른다는 것입니다. 내기에 지더라도 우리가 그것을 알 것이라 기대도 할 수조차 없는 상황일 때 특히 그러합니다. 하지만 파스칼은 여전히 자신이 알 수 없는 것에 기꺼이 판돈을 걸었습니다. 유사하게도, 칸트는『순수이성비판』에서 신의 실존이 입증될 수 없다는 것을 증명하고도 여전히 신 관념을 가지고 있었습니다. 그는 신이 적어도 사변적 이성의 질서에 통일성을 부여하는 이념으로 있어야 하고, 또한 실천 이성의 도덕적 질서에 신을 상정해야 한다고 주장했습니다. 심지어, 인간 마음은 본성상 신의 실존을 증명하는 것이 불가능해 보이는데, 반대로 "지성적 개념을 인격화하려는 마음 깊숙이 자리 잡은 본능을 피하는 것"[6]조차도 불가능한 것으로 보입니다. 우리가 그것을 토마스 아퀴나스처럼 자연스러운 이성의 판단 결과라고 하든지, 데카르트처럼 본유관념이라 하든지, 말브랑슈처럼 지성적 직관이라 하든지, 칸트처럼 인간 이성의 통합 능력에서 나온 이념이라 하든지, 토마스 헨리 헉슬리처럼 인간의 상상력이 빚은 환영이라 하든지 간에, 신이라는 공통의 관념은 거의 보편적인 사실로 있습니다. 이 관념의 사변적 가치 speculative value는 논쟁의 여지가 있지만, 실존은 부정될 수 없습니다. 우리에게 유일한 문제는 이 관념의 진리치truth value를 결정하는 것뿐입니다.

언뜻 보기에, 신 관념의 진리치를 확인하는 최단 지름길은 그것을 과학적 지식의 관점에서 판단하는 것 같습니다. 그러나 가장 빠른 길이라고 해서 가장 안전한 길은 아닙니다. 이 방법은 과학적으로 알려지지 않으면 어떤 것도 합리적으로 알려질 수 없다는 가정에 기초합니다. 하지만 이것은 결코 자명한 명제가 아닙니다. 칸트와 콩트가 근대 과학에 뭔가 이바지한 바가 있더라도, 근대 과학의 역사에서 그들의 이름은 별로 중요한 위치에 있지 않습니다. 데카르트와 라이프니

---

**6**    Thomas Henry Huxley, *The Evolution of Theology: On Anthropological Study*에 나온 표현을 Julian Huxley, *Essays in Popular Science* (London, Pelican Books, 1937), p. 128에서 재인용했습니다.

츠는 근대 과학을 창조한 두 인물이었지만, 위대한 형이상학자들이기도 했습니다. 동일한 인간 이성으로 여러 문제의 서로 다른 질서를 다루더라도, 다양한 질서마다 다른 방법으로 접근해야 한다는 것은 단순한 진리라 할 수 있습니다. 신의 문제에 관한 우리의 최종 답변이 무엇이든 간에, 우리는 모두 신이 경험적으로 객관화할 수 있는 사실 중 하나가 아니라는 데 동의합니다. 신비적 경험은 말할 수도 없고 다른 사람에게 전달할 수도 없습니다. 따라서 객관적 경험이 될 수 없습니다. 순수한 자연적 지식의 질서에서 '신은 존재한다'라는 명제가 이치에 맞으려면, 형이상학적 질문에 대한 철학적 답변으로서 합리적 가치가 있어야만 합니다.

어떤 사람이 신 같은 존재가 있는지 궁금증에 빠져들 때, 과학적인 문제를 제기하거나 이에 대한 과학적 해결책을 제시하고 싶다는 생각이 있는 것은 아닙니다. 과학적 문제들은 모두 주어진 사물들이 실제로 **무엇**인지에 대한 지식과 관련됩니다. 세계에 관한 이상적인 과학적 설명은 세계가 실제로 **무엇**인지에 관한 철저하게 합리적인 설명일 것입니다. 하지만 **왜** 자연이 존재하느냐는 과학적 문제가 아닙니다. 그 답을 경험적으로 검증할 수 없기 때문입니다. 반대로 신 관념은 역사에서 항상 우리에게 어떤 실존적인 문제에 대한 답변으로, 즉 특정한 실존의 **이유**why로 드러났습니다.

그리스 신들은 인간의 역사와 사물의 역사에서 다양하게 '일어나는 일들'happenings을 설명하기 위해 계속 거론되었습니다. 자연에 관한 종교적 해석은 결코 사물들이 무엇인가에 관해 몰두하지 않습니다. 그것은 과학자들의 문제입니다. 하지만 이러한 종교적 해석은 왜 사물들이 지금과 같은 상태로 존재하는 일이 일어났는지, 그리고 도대체 왜 사물들이 존재하는 일이 일어났는지에 관한 물음에 몹시 관심을 기울입니다. 성서가 소개하는 유대-그리스도교의 신은 인간의 실존 자체, 지상에서 인간의 현재 상태, 유대인의 역사를 형성한 연속적인 모든 사건을 비롯하여 그리스도의 성육신 및 은총에 의한 인간의 구속과 같은 결정적 사건들에 대한 궁극적 설명으로 상정되어 있습니다. 이것들의 궁극적 가치가 무엇이든 이것들은 실존적 물음에 관한 실존적 답변입니다. 이것들은 과학의 용어로는 도무지 설명이 안 되겠지만, 실존적 형이상학의 용어들로만은 변환될 수 있습니다. 여기에서 다음과 같은 두 귀결이 즉각 도출됩니다. 자연신학은 실증과학의 방법이 아니라 형이상학의 방법에 매여 있습니다. 그리고 자연신학은 실존적 형이상학의 틀 안에서만 그 고유한 문제를 올바르게 물을 수 있습니다.

이러한 두 결론 중 첫 번째는 매우 인기 없어 보입니다. 솔직히 말하자면, 최고의 형이상학적 문제들은 과학이 제공하는 답변들에 전혀 의존하지 않다는 주장은 완전히 불합리하며 조롱받을 만한 말처럼 들립니다. 이에 대한 가장 일반적 시각은 한 현대 천문학자의 말에 가장 잘 표현되어 있습니다. "철학자들이 말할 권리를 가지기 전에, 과학이 사실들과 잠정적인 가설을 확인하기 위해 할 수 있는 모든 것을 말하도록 요청해야 합니다. 그런 다음에만 토론이 철학의 영역으로 정당하게 넘어갈 수 있습니다."[7] 이것은 제가 말한 것보다 훨씬 더 상식적으로 들립니다. 저도 이를 인정합니다. 하지만 사람들이 제가 말한 바가 거짓인 것처럼 행동한다면 무슨 일이 일어날까요? 1696년에 존 톨런드는 자연 철학에서 빌려온 방법으로 종교적 문제들을 논하기로 결정했습니다. 그 결과는 앞서 언급했던 그의 책 『신비롭지 않은 그리스도

[7]  Sir James Jeans, *The Mysterious Universe* (London, Pelican Books, 1937), Foreword, p. vii. 철학과 과학의 관계를 일부 과학자들은 신기할 정도로 오해합니다. "어떤 철학이 과학자에게 명백히 거짓이라면, 그 철학 위에 자기 삶의 토대를 둘 사람은 이 시대에 거의 없다"라는 말은 사실입니다. 하지만 여기서 다음과 같은 내용이 도출되지는 않습니다. "따라서 만약 우리 삶의 구조가 안정적이기 원한다면, 우리 삶의 구조를 세우기 위한 토대가 과학으로 대체된다." Arthur H. Compton, *The Religion of a Scientist* (New York, The Jewish Theological Seminary of America, 1938), p. 5. 무엇보다도 첫째, 과학 자체가 안정적이지 않습니다. 둘째로, 어떤 명제들의 집합이 명백히 참인 명제들로 구성된 다른 집합과 모순된다면 첫 번째 집합은 참일 수 없는데, 이 사실에서 두 번째 집합이 우리의 삶의 토대를 반드시 제공한다는 주장이 도출되지는 않습니다. 예를 들면 우리의 삶의 토대여야 하는 철학적 명제들이 상상해 볼 수 있는 다른 모든 과학적 명제들의 집합과 완전히 별개일 수도 있습니다.

교』입니다. 그리스도교가 신비롭지 않다면, 이제 무엇이 신비롭습니까? 1930년에 케임브리지대학교에서 있었던 리드 강연Rede Lecture에서 제임스 진스James Jeans 경은 현대 과학의 관점에서 철학적 문제들을 다루기로 했습니다. 그 결과물이 그의 인기 있는 책 『신비로운 우주』The Mysterious Universe입니다. 과학의 우주가 신비롭다면, 이제 무엇이 신비롭지 않은가요? 우주가 진정으로 신비롭다고 말하는 데 과학이 필요하지는 않습니다. 인류는 애초부터 우주의 신비로움을 알았습니다. 반면, 과학의 참되고 적절한 기능은 우주의 많은 부분을 갈수록 가능한 덜 신비롭게 만드는 일입니다. 과학은 그 일을 하고 있고, 훌륭하게 하고 있습니다. 오늘날 16세 학생이라면 토마스 아퀴나스나 아리스토텔레스, 플라톤보다 우주의 물리적 구조에 대해 더 잘 압니다. 그 학생은 한때 위대한 정신들에게 당혹스러운 신비로 보였던 현상을 합리적으로 설명할 수 있습니다. 전체 우주에서 인간의 이성으로 신비를 제거한 바로 그만큼이 과학의 우주로 구성됩니다.

그렇다면 과학자가 이 우주를 "신비로운 우주"라고 부를 근거가 있다고 느낄 수 있는 이유는 무엇일까요? 그것은 바로 과학의 진보 자체로 인해, 과학자들이 점점 관찰도 어렵고 법칙으로 공식화하기도 어려운 현상들을 접했기 때문이 아닐까요? 하지만 알려지지 않았다고 해서 필연적으로 신비로운 것은 아닙니다. 그리고 당연히 과학은 비록 아직 우리가 모르더라도 언젠가 알아낼 수 있기 때문에 알려지지 않은 것이 반드시 신비로운 것은 아니라는 가정하에 진행됩니다. 일부 과학자에게 우주가 신비롭게 보이는 진짜 이유는, 그들이 실존적 문제, 즉 형이상학적 문제들을 과학적인 문제로 착각하고 과학에서 답을 찾았기 때문입니다. 당연히 그들은 답을 얻지 못합니다. 그러면 그들은 당혹스러워하며 우주는 신비롭다고 말합니다.

　제임스 진스 경의 과학적 우주 기원론은 그러한 당혹감들을 잘 보여 주는 모음집과도 같습니다. 그의 출발점은 "우주를 방랑하는" 셀 수 없이 많은 별의 실제 실존입니다. 그 우주에서는 별들이 엄청난 거리를 두고 떨어져 있어, "하나의 별이 또 다른 별 가까이 어딘가에 간다는 것은 상상조차 할 수 없이 희귀한 사건"일 정도입니다. 하지만, 우리는 "약 이십억 년 전에 이 희귀한 사건이 벌어졌다고, 즉 맹목적으로 우주를 방랑하던 또 하나의 별이" 태양에 매우 가까이 다가오는 일이 벌어지며 태양 표층에 엄청나게 큰 파동을 일으켰다고 "믿어야" 합니다. 이 거대한 파동이 결국 폭발하며 파편들이 생겼습니다. 지금도 "행성이라 불리는 크고 작은 파편들은 자신의 부모라 할 수 있는 태양 주위를 돌고 있고, 그중 하나가 우리 지구"입니다. 태양에서 튀어나온 파편들은 점차 온도가 떨어졌습니다. "시간의 흐름 속에서 식어 가는 파편 중 하나가 어떻게, 언제, 왜 생명을 낳았는지 우리는 모릅니다." 이렇게 생명의 흐름이 등장했고, 이것의 정점에 인간이 있습니다. 우주의 텅 빈 공간은 죽도록 춥고, 그 속의 질료는 대부분 죽도록 뜨겁습니다. 이러한 우주에서 생명이 발생했다는 것은 몹시도 일어날 법하지 않은 일입니다. 그럼에도 "그러한 우주 안으로 우리가 뒤뚱거리며 걸어 들어 왔습니다. 이것이 완전히 실수가 아니라면, 최소한 우연이라고 묘사될 법한 어떤 일의 결과입니다." 제임스 진스 경은 결론짓습니다. 이러한 것이 "과학이 현재 우리에게 알려 주는 한에서 우리가 존재하게 된 놀라운 방식"이라고.[8]

이 모든 설명이 매우 신비롭다는 것에 모두가 동의할 것입니다. 하지만 질문이 떠오릅니다. 이것이 과학인가요? 이러한 설명을 제시한 과학 저술가처럼, 우리가 이것들을 수많은 '잠정적 가설'로 받아들인다 해도 그러한 가설을 어떤 의미로든 '과학적'이라고 볼 수 있을까요? 어느 하나도 다른 것보다 더 개연적이지 않은 우연적 사건들의 연속으로 인간의 실존을 설명하는 것이 과학적인가요? 이 경우 진실은 그저 현대 천문학이 인간 실존의 문제에 대해 엄밀히 말하려

---

**8**   Sir James Jeans, *op. cit.*, chap. i, pp. 11-22.

면 할 말이 없다는 것뿐입니다. 현대 천문학에다 현대 물리학을 더해도 똑같은 결론이 나옵니다. 아인슈타인Einstein, 하이젠베르크Heisenberg, 디랙Dirac, 르메트르Lemaitre, 루이 드 보로이Louis de Broglie의 물리학의 세계를 제임스 진스 경이 기술하고서, 마침내 형이상학의 "심연"이라고 생각한 것에 가까스로 들어갈 때 어떤 결론이 나왔을까요? 비록 많은 과학자가 "순환하는 우주"라는 관념을 선호한다고 하더라도, "더 정통적인 과학적 관점"에 따르면 이 우주는 "창조"로 현재의 형태를 가지게 되었고, "그것의 창조는 사유 활동이었음이 틀림 없다"는 것입니다.[9] 인정합니다. 하지만 이러한 답변이 아인슈타인과 하이젠베르크, 그리고 그만큼이나 유명한 현대 물리학자들의 은하계와 무슨 관련이 있습니까? '순환적 우주'와 최고의 **사유**라는 두 가르침은 소크라테스 이전 철학자들에 의해 형성되었습니다. 그들은 자기들보다 26세기나 뒤에 나타난 아인슈타인이 한 말을 전혀 몰랐습니다. 진스는 이에 덧붙여 다음과 같이 말했습니다. "현대 과학 이론은 자기가 만든 시공간 밖에서 일하는 창조자에 관해 생각하도록 우리를 강요합니다. 이것은 마치 예술가가 자신의 캔버스 밖에 있는 것과 유사합니다."[10] 왜 현대 이론은 우리의 과

---

**9**     *Ibid.*, chap. v, p. 182.

**10**    *Ibid.*, chap. v, p. 188

학자들이 인용하곤 하는 성 아우구스티누스가 이미 말했고 프톨레마이오스의 세계만 알던 많은 그리스도교 신학자들이 예전에 말했던 것을 지금 다시 이야기하도록 강요할까요? 의심의 여지 없이 제임스 진스 경이 세계 질서의 문제에 관해 철학적으로 말했던 바는 현대 과학과 아무 관련도 없습니다. 그의 답변이 어떠한 과학적 지식과도 전혀 관계가 없으니 당연합니다.

이것을 더 세심히 살펴보면, 진스가 애초에 던졌던 질문은 그를 형이상학의 심연을 지나, 과학적으로 아무 소리도 들리지 않는 깊은 곳으로 데려갔습니다. 물리화학적인 요소들의 무한한 조합 가능성에서 우리가 인간이라 부르는 살아 있고 생각하는 존재가 왜 생겨났는지를 묻는 것은, 인간이라는 물리적 에너지의 복합체가 실제로 존재 내지 실존하게 하는 원인을 찾는 것입니다. 달리 말하면, 이것은 지구 위에 살아 있고 생각하는 유기체가 **실존**하게 하는 가능한 원인들에 대해 조사하는 것입니다. 미래에 생화학자들이 실험실에서 살아 있는 물질을 만들 수 있다는 가설은 이 문제와 무관합니다. 만약 화학자가 살아 있는 세포들 혹은 기초적 유형의 유기체를 만들어 내는 데 성공한다면, 그는 그 유기체들이 실존하는 이유를 매우 쉽게 말할 수 있을 겁니다. 그의 답변은 '내가 그들을 만들었죠'일 겁니다. 그러나 우리의 물음은 '살아 있고 생각하는 존재들이 물리적 요인들로만 만들어졌는가?'가 전혀 아닙니다. 오히려 다음과 같이 물을 수 있습니다. 이들이 궁극적으로 물리적 요소들로만 만들어졌다고 가정하면, 우리가 생명, 사유라 부르는 것을 낳는 분자들의 질서가 **실존**한다는 것은 어떻게 설명할 수 있을까요?

과학적으로 말하자면, 그러한 문제들은 이치에 맞지 않습니다. 만약 살아 있고 생각하는 존재가 없다면 과학도 없었을 겁니다. 따라서 질문도 없었을 것입니다. 비유기체적 질료의 과학적 우주마저도 구조적인 우주입니다. 유기체적 질료의 세계에서는 어디에나 조직화, 적응, 기능들이 보입니다. 왜 이러한 유기체적 존재들이 있냐고 물어볼 때, 과학자들은 대답합니다. 우연! 누구나 당구에서 한 번 정도는 멋진 행운샷을 칠 수 있습니다. 하지만 당구선수가 백 번 연속으로 득점했다고 해 봅시다. 이때 그 선수가 계속 행운샷을 쳤다고 말하는 것은 다소 설득력이 떨어지는 설명일 뿐입니다. 일부 과학자들은 이것을 너무나 잘 알기에 우연 개념을 그와 정반대인 기계적 법칙이라는 개념으로 대체해 버립니다. 하지만 이러한 기계적 법칙들로 어떻게 살아 있는 유기적 존재들을 발생시켰는지를 설명할 때, 그들은 자신들이 들 수 있는 최종 이유와 관련하여 우연 개념으로 되돌아갑니다. 줄리언 헉슬리Julian Huxley는 말했습니다. "우주 안에서 작동하는 힘들은 일원적이지만 세분화할 수 있고, 세분화할 수 있지만 연결되어 있습니다. 비유기체적 자연의 힘은 어마어마한데, 인간에게 중립적이거나 적대적입니다. 하지만 그 힘들은 진화하는 생명을 낳았습니다. 이 생명의 발전은 맹목적이고 우연적입니다. 하지만 생명의 발전은 우리의 의식적인 욕망 및 이상과 동일한 일반적 방향으로 가는 경향이 있어서, 우리의 활동 방향에 대한 외적 제재를 제공합니다. 이는 다시 인간의 정신을 낳았고, 인간의 정신은 진화의 과정에 가속화 등의 방식으로 변화를 가합니다."[11] 이는 무한히 계속됩니다. 이를 달리 표현하자면, 우리의 당구선수가 백 번 연속으로 득점한 것을 설명해 주는 유일한 과학적 이유는 그가 당구를 칠 줄 모르는 동시에 그가 친 모든 것이 우연히 그의 실력과 반대되기 때문입니다.

과학자들이 이 문제에 과학자로서 이해 가능한 답변을 가지고 있지 않다면, 왜 일부 과학자들은 이에 대한 터무니없는 말을 하는 데 그토록 관심이 많을까요? 이유는 간단한데, 이번에는 우연이 그들의 완고함과 무관하다고 확신할 수 있습니다. 그들은 우주에 목적이 존재한다는 이유로 실존을 신

---

**11** Julian Huxley, "Rationalism and the Idea of God," In *Essays of a Biologist*, chap. vi (London, Pelican Books, 1939), p. 176. 이러한 '과학적인' 우주 기원론은 이상하게도 모든 것이 근원적 혼란으로부터 차례로 태어났다고 보는 헤시오도스의 『신들의 계보』를 닮았습니다.

에게 귀속시키기보다는 아무 말이나 하는 것을 선호합니다. 이제 그들의 태도에 대한 정당화가 이루어집니다. 과학이 형이상학을 혼란스럽게 한 것처럼, 형이상학도 과학을 엉망으로 만들어 놓을 수 있습니다. 과거에 과학보다 먼저 등장한 형이상학은 과학이 일어나거나 발전하는 것을 종종 막기도 했습니다. 철학자들은 수백 년 동안 세대를 거듭하며 목적인이 과학적 설명이라고 착각했습니다. 그 결과 오늘날 여전히 많은 과학자가 목적인에 대한 두려움을 과학적 지혜의 근본으로 여깁니다. 따라서 과학은 수 세기 동안 물리학과 생물학의 문제에 간섭한 형이상학에 고통을 주고 있습니다.

하지만 두 경우 모두, 이러한 인식론적 불화의 진짜 희생자는 동일합니다. 그것은 바로 인간 정신입니다. 살아 있는 유기체가 생명과 관계된 다양한 기능들을 수행하도록 설계 내지 의도된 것처럼 보인다는 점을 부정하는 사람은 없습니다. 이러한 현상이 환상에 불과할지도 모른다는 점에도 모두가 동의합니다. 만약 과학이 생명의 출현을 기계적 유형의 일반적 설명으로 풀어낼 수 있다면, 우리는 그러한 현상을 환상으로 간주해야 할 것 같습니다. 그런데 이러한 과학적 설명에는 공간의 기하학적 속성과 물리적 운동 법칙에 따라 관찰 가능한 현상들의 관계 말고 다른 것들은 관련되지 않습니다. 이와 달리, 더 주목할 만한 일이 있습니다. 많은 과학자가 생명체의 유기적 구성에 대한 과학적 설명을 상상해 내지 못한 점은 스스럼없이 인정하면서도, 이러한 생명 현상이 환상이라고 완고하게 주장한다는 사실입니다. 현대 물리학은 분자물리학이 구조적 문제들을 제기하자마자 이러한 난점들을 마주하게 되었습니다. 하지만 과학자들은 설계와 같은 것에 의존하기보다는 불연속성과 비결정성이라는 비기계론적 관념들을 물리학에 도입하는 것을 훨씬 더 선호했습니다. 우리는 더 큰 규모로 줄리언 헉슬리가 유기체의 실존을 과감하게 설명하는 것을 보았습니다. 그런데 이때 그는 그러한 유기체가 실존할 개연성을 남겨 두지 못하게 하는 물질이라고 본인이 주장했던 바로 그러한 물질의 속성들로 유기체의 실존을 설명했습니다. 왜 이토록 대단히 합리적 존재인 과학자들이 자연 안의 설계 혹은 목적성이라는 단순한 관념 대신에 맹목적 힘이나 우연, 창발, 갑작스러운 변화 등등의 임의적인 관념들을 선호할까요? 그 이유는 간단합니다. 그들은 비과학적인 이해 가능성이 있다는 것보다, 이해 가능성이 완전히 없는 것을 더 좋아하기 때문입니다.

여기서 우리는 마침내 인식론적 문제의 핵심에 도달하고 있는 것 같습니다. 이러한 임의적인 관념들 자체는 이해할 수 없지만, 적어도 하나로 이어진 기계론적 해석의 연쇄와 동질적이기는 합니다. 이러한 관념들을 연쇄가 시작되는 지점에 두거나 필요한 부분에 끼워 넣음으로써, 과학자는 무언가를 알기 위해 필요한 바로 그런 실존들을 얻게 됩니다. 이것들의 비합리성은 어떠한 유형의 과학적 설명도 거부하는 실존의 꺾이지 않는 저항의 표현입니다.[12] 설계나 목적성을 가능한 설명의 원리로 받아들임으로써, 과학자는 연쇄의 나머지 부분과 완전히 이질적인 고리를 자신의 법칙 체계에 도입할 수 있습니다. 그는 유기체의 실존에 관한 형이상학적 원인들과 유기체의 구조 및 기능에 두어야 하는 물리적 원인들을 엮을 수도 있습니다. 설상가상으로 과학자는 살아 있는 유기체의 실존 원인을 작용인 및 물리적 원인으로 착각하여 물고기에 지느러미가 있는 것은 헤엄치도록 만들어졌기 때문이라고 생각했던 그리운 옛날로 돌아가고 싶다고 느낄 수도 있습니다. 물고기들은 헤엄을 치도록 만들어졌다는 것이 사실일 수도 있습니다. 하지만, 이것을 알았을 때 우리가 물고기에 대해 아는 것은, 비행기가 날도록 만들어졌다는 것을 알았을 때 우리가 비행기에 대해 아는 만큼입니다. 비행기는 정의상 하늘을 나는 기계이기에 만약 비행기들이 날도록 만들어지지 않았다면 비행기란 없을 겁니다.

---

**12** 작용인 관념에 대한 현대 과학의 두드러진 반감은 과학적 설명의 비실존적 성격과 밀접히 관련되어 있습니다. 작용인의 본질은 무엇인가 존재 내지 실존하게 하는 것입니다. 원인과 결과의 관계는 분석적 관계가 아니라 실존적 관계이기에, 그것은 과학적인 정신에서는 제거되어야 하는 스캔들로 보입니다.

하지만 어떻게 비행기들이 하늘을 나는가를 알기 위해 우리는 최소한 공기역학과 역학이라는 두 과학 분야가 필요합니다. 목적인은 어떤 실존을 상정하는데, 그 실존의 과학만이 법칙을 상정할 수 있습니다.

두 질서의 이질성을 프랜시스 베이컨이 놀랍게 표현했습니다. 그는 목적인들은 "물리학에 부적절하고 무례하며, 배에 붙은 빨판상어처럼 과학의 발전을 방해"[13]한다고 말했습니다. 목적인들의 과학적 무익함은 현대 과학의 세계와 같은 곳에서 특히 극에 달합니다. 현대 과학에서 본질들은 단순한 현상들로 환원되고, 현상들도 관찰 가능한 질서로 환원됩니다. 현대 과학자들은 순수 현상의 세계에서 살고 있거나 혹은 사는 것처럼 행세합니다. 거기서 나타나는 것은 무無의 나타남입니다. 하지만 목적인들이 과학적으로 무익하다는 것은 형이상학적 원인으로서 자격이 없다는 것을 함의하지 않습니다. 그리고 어떤 문제에 대한 형이상학적 답변들이 과학적이지 않다고 거부하는 것은 인간 마음의 인

---

**13**　Francis Bacon, *The Dignity and Advancement of Learning*, Bk. III, chap. iv, ed. J. E. Creighton (New York, The Colonial Press, 1900), p. 97 (국역본: 『학문의 진보』). p. 98도 참조하십시오. "하지만 형이상학에서는 이러한 목적인들이 거짓이거나 질문을 할 가치가 없는 것은 아닙니다. 그러나 목적인이 외도하여 물리적 원인들의 한계에 끼어들면서 그 영역에 대대적인 손상을 입혔습니다."

식 능력을 의도적으로 불구로 만드는 일입니다. 유기체의 실존을 설명하는 유일한 이해 가능한 방법이 그들의 기원에 설계 혹은 목적성이 있음을 인정하는 것이라면, 과학자가 아니라 최소한 형이상학자로서 우리가 이 점을 인정하도록 합시다. 설계 관념과 목적 관념은 사유라는 관념과 불가분 하므로, 사유의 실존을 유기체의 목적성의 원인으로 상정하는 것은 모든 목적의 목적 혹은 궁극의 목적인 신을 상정하는 것이기도 합니다.

이것이 목적인을 적대시하던 이들이 부정하려 한 바로 그 결과임은 말할 나위도 없습니다. 줄리언 헉슬리는 이렇게 주장합니다. "목적은 심리학적 용어입니다. 단지 어떤 과정의 결과물이 실제로 목적이 있는 과정의 결과물과 유사하다고 해서 그 과정에 목적이 있다고 보는 것은 결코 정당화될 수 없습니다. 이는 그저 우리의 관념을 자연의 질서에 투사하는 것일 뿐입니다."[14] 분명 우리가 이렇게 하고 있기는 합니다만, 이렇게 하면 안 되는 이유는 무엇입니까? 우리는 우리의 관념을 자연의 질서에 **투사할** 필요가 없습니다. 우리의 관념 자체가 자연의 질서에 속해 있습니다. 우리가 자연의 질서 안에 있기에, 우리의 관념도 자연의 질서 안에 있습

---

**14**    Julian Huxley, *op. cit.*, chap. vi, p. 173.

니다. 인간이 지적으로 행하는 모든 일에는 목적이 있으며, 그 일을 하는 목적인ㅜㄱㄱ의 이유, final cause인 특정한 목표를 지향합니다. 노동자, 기술자, 제조업자, 작가, 예술가가 무엇을 만들든 그것은 지적으로 선택한 수단으로 특정한 목적을 현실화한 것입니다. 질료의 기계론적 법칙으로 인해 스스로 발생해 스스로 만들어진 기계에 관해 알려진 사례는 없습니다. 자연의 일부인 인간을 통한 목적성은 분명히 자연의 일부입니다. 조직organization이 있는 곳에 언제나 목적이 있음을 내부로부터 알고, 그에 따라 조직이 있는 곳에 목적이 있다고 결론짓는 것이 어떤 의미에서 임의적이란 말입니까? 저는 그러한 추론이 전혀 과학적이지 않다고 거부하는 과학자를 전적으로 이해합니다. 유기체들organized bodies이 왜 실제로 실존하는지에 관한 가능한 원인들을 추론하는 것은 과학자로서 자기 일이 아니라고 말하는 과학자도 이해합니다. 그러나 제가 하는 추론이 어떤 의미에서 "흔한 오류"인지는 전혀 이해하지 못하겠습니다.

생물학적 진보에 기초하여 우주 안에 목적이 있다고 추론하는 것에 왜 오류가 있어야만 합니까? 줄리언 헉스리의 답은, 생물학적 진보는 "적응과 마찬가지로 실존을 위한 투쟁의 자연스럽고 불가피한 산물이라고 볼 수 있기" 때문입니다. "예컨대 지난 세기에 철갑탄과 방탄 장치의 효율이 증가

한 것보다 더 신비로울 것이 없다고 볼 수 있기" 때문입니다.[15] 줄리언 헉슬리가 지난 세기에 조개가 더 무거워진 것처럼 방탄 장치가 자생적으로 두꺼워졌다고 제안하고 있습니까? 달리 말하면, 그는 인간 산업에서 목적성이 세계의 나머지 영역에서와 마찬가지로 전혀 없다고 주장하는 것입니까? 아니면 혹시 인간의 산업이 분명히 그렇듯 세계의 다른 영역도 목적성으로 가득하다고 주장하는 것일까요? 그는 과학의 이름으로 둘 모두를 주장합니다. 즉, 유기체의 적응은 이를 설명할 목적성이 '없어도', 언제나 설명을 위한 목적성이 '있는' 인간 산업에서의 적응보다 더 신비롭지 않다는 것입니다. 다시 말해, 목적이 없는 그저 살기 위한 투쟁으로 인한 적응이 목적 있는 투쟁으로 인한 적응보다 더 신비롭지 않다는 것입니다—저는 이 명제가 '흔한 오류'인지는 모르겠지만, 오류임은 확실한 것 같습니다. 그것은 형이상학적 문제를 묻는 방법을 모르기 때문에 그 문제에 맞는 형이상학적 대답을 완고하게 거부하는 과학자의 오류입니다. 지식 세계의 지옥에서는 이런 종류의 죄에 대한 특별한 형벌이 있습니다. 바로 신화로 되돌아가는 것입니다. 탁월한 동물학자로 더 잘 알려진 줄리언 헉슬리는 이미 대가족을 이룬 올림포스

**15**   *Ibid.*, p. 172.

의 신들에 **투쟁** 신을 추가한 공로를 인정받아야 합니다.[16]

그리스도교의 신을 잃어버린 세계는 아직 그리스도교의 신을 찾지 못한 세계를 닮았을 뿐입니다. 탈레스와 플라톤의 세계처럼 우리의 현대 세계도 "신들로 가득"합니다. 그들은 맹목적인 **진화**, 명석한 **계통 발생설**, 인자한 **진보**, 그리고 굳이 이름을 말하지 않는 것이 더 바람직한 다른 신들입니다. 오늘날 이러한 신들에게 제사 지내는 사람들의 감정을 상하게 할 필요가 굳이 있을까요? 하지만 현대인의 삶에 끔찍한 영향을 끼치는 이러한 혼란스러운 관념들을 단호하게 몰아내지 않는 이상, 인류는 새로운 과학적, 사회적, 정치적 신화의 주문에 점점 빠져들어 불행하게 살아야 합니다. 이처럼 신적인 지위로 올라선 유사 과학적 혹은 사회학적 이념 둘 혹은 셋이 지금 서로 전쟁을 벌이면서, 수백만의 사람들이 굶어 죽거나 피 흘려 죽고 있습니다. 신들이 서로 싸울 때 죽는 것은 인간이기 때문입니다. 진화라는 것이 대부분 우리가 만들어 가야 하는 것 아닙니까? 진보란 저절로 이루어지는 법칙이 아니라, 인간의 의지로 인내하며 이루어야 하는 것 아닙니까? 평등이란 실제로 주어진 사실이 아니라 정의를 수단 삼아 조금씩 다가가야 할 이상 아닙니까? 민주

---

**16** 이러한 진화 관념의 철학적 어려움에 관해서는 다음을 보십시오. W. R. Thompson, *Science* and *Common Sense*, pp. 216-232.

주의는 몇몇 사회를 주도하는 여신이 아니라, 우정을 향한 견고한 의지가 세대를 거듭하며 지속될 만큼 강해져야 실현될 수 있는 위대한 약속 아닙니까? 우리는 이러한 점을 이해하려고 노력할 수 없을까요?

저는 할 수 있다고 생각합니다. 단, 먼저 분명한 사고를 많이 해야 합니다. 그리고 대중은 철학이 무력하다고 말하지만, 바로 여기가 철학이 어느 정도 도움이 되는 지점입니다. 우리의 동시대인 중 많은 사람에게 발견되는 곤란함은 그들이 불가지론자라는 데 있는 것이 아니라, 오도된 신학자라는 데 있습니다. 진정한 불가지론자들은 극소수에 불과하고, 자기 자신 외에 다른 이에게 해를 끼치지 않습니다. 불가지론자들에게 신이 없는 것처럼, 이러한 것에는 신이 없습니다. 불행하게도 불가지론자보다 유사 불가지론자가 훨씬 흔합니다. 이들은 완전히 모자란 철학적 소양에 과학적 지식과 사회적 관대함을 결합하였기에, 자신들이 이해하지도 못하는 자연신학을 위험한 신화들로 대체했습니다.

이러한 현대 불가지론자들이 가장 흔하게 논하는 것은 아마도 목적인의 문제일 겁니다. 그래서 이 문제는 우리의 시선을 강하게 끌었습니다. 그런데도 이는 **존재**라는 모든 형이상학적 문제의 최고점에 관한 다양한 측면 중 하나에 불과합니다. 왜 유기적 존재들이 있냐는 물음 너머에는 더 심오한 물음이 있습니다. 라이프니츠의 표현대로, 거기에 왜 아무것도 없지 않고 무언가가 있을까요? 하는 물음이 있습니다. 여기서 한 번 더 저는 이 질문을 던지기 거부하는 과학자를 전적으로 이해합니다. 그는 얼마든지 이 질문이 말이 되지 않는다고 말할 수 있습니다. 과학적으로 말하자면, 그 질문은 터무니없습니다.[17] 하지만 형이상학적으로 말하자면,

---

[17]  환원 불가능한 실존 활동에 대해 완전히 수학화된 과학이 보여 주는 적대감은 지속(duration) 자체에 대한 반대의 이면에 놓여 있습니다. 지속은 H. 베르그송이 잘 표현했습니다. 말브랑슈는 질료의 실존을 입증할 수 없다고 생각했습니다. 따라서 그는 신이 물리적 세계를 제거하는 것이 결코 그 세계에 대한 우리의 과학적 지식에 영향을 주지 않을 것이라 결론 내렸습니다. 아서 에딩턴 경(Sir Arthur Eddington)은 분명 말브랑슈의 형이상학에 동의하지 않을 것 같습니다. 하지만 실존의 문제에 관한 그의 접근 방식은 인식론적입니다. 즉 우리가 현대 물리학이라 부르는 특정한 지식 체계입니다. 따라서 그러한 관점에서는 "**실존**이라 불리는 신비한 속성을 물리적 우주에 귀속시키는 것에 관한 물음은 결코 제기되지 않는다"는 유사한 귀결이 뒤따릅니다. *The Philosophy of Physical Science* (Cambridge, University Press, 1939), chap. x, pp. 156–157. "**실재적 실존**(real existence)이라는 형이상학적 개념"을 대체하고자 아서 경은 "구조적 실존 개념"을 제시했습니다. 그는 이것을 위의 책 162–166쪽에서 정의합니다. 사실 여기에는 **존재**라는 형이상학적 개념이 있습니다. 이 개념은 "**불분명**"하지 않지만(p. 162) 유비적입니다. 현실의 실존 (actual existence)에 관해서라면, 그것은 개념의 대상이 아니라 판단의 대상입니다. "실재적 실존"을 "구조적 실존"(structural existence)으로 대체하는 것은 다음과 같은 결론으로 향하게 됩니다. 주어진 요소에 있어 "독립적 실존"(independent existence)은 "구조에 기여자로서의 실존"입니다. 반면, 그것의 비실존은 "구조에 일어난 혹은 더해진 구멍"(p. 163)입니다. 달리 말하면, 어떤 요소의 **독립적** 실존, 혹은 비실존은 그것의 전체에 완전히 의존합니다. 실존한다는 것은 "~에 기여자가 된다는 것"입니다. 실존을 멈춘다는 것은 "~에 기여자가 되기"를 그친다는 것입니다. 하지만, 전체에 기여자가 되기 위해서 사물은 먼저 존재해야 합니다. 게다가 한 사람의 죽음을 그가 자기 가족

그 질문은 타당합니다. 과학은 세계의 많은 것들을 설명할 수 있습니다. 언젠가 현상 세계에 실제로 있는 모든 것을 설명하게 될지도 모릅니다. 하지만 과학은 무언가가 존재 내지 실존하는 이유는 모릅니다. 왜냐하면 바로 과학이 그 질문을 던질 수조차 없기 때문입니다. 이 최고의 질문에 대해 유일하게 생각해 볼 수 있는 답변은 개개의 실존 에너지 혹은 개개의 실존 사물이 모두 순수 실존 **활동**에 의존하여 실존한다는 것입니다.[18] 이 최고의 원인이 모든 실존 문제에 관한 궁극적인 답변이려면 절대적 실존이어야 합니다.[19] 그러

안에 만든 구멍으로 정의하는 것은 죽은 사람 본인에게는 매우 개인적인 사건으로 보이는 것을 다소 거리를 두고 보는 것입니다.

**18**  아서 에딩턴 경은 철학자들이 '실존'이란 단어가 무엇을 뜻하는지 '일반인'에게 분명히 해 주고자 아무것도 하지 않는다고 불평합니다. *The Philosophy of Physical Science*, chap. x, pp. 154–157. 그러한 애매함의 사례로 아서 경은 다음과 같은 판단을 듭니다. 즉, 은행에 초과인출이 있는데, "은행에서의 초과인출"은 실존하는 것인가? 답변은 '예' 그리고 '아니오'입니다. 'is'왔다/이다라는 동사 형태는 그것이 가리키는 바에 따라 두 구분된 의미가 있습니다. (1) 어떤 사물이 현실에 실존함. (2) 판단에서 술어가 주어와 함께 만든 구성물. 은행에 실존한 것은 첫 번째 의미에서 인출입니다. 두 번째 의미에서 "이 인출은 초과인출이다"라는 것도 참입니다. "어떤 인출은 초과인출이다"라고 말하는 것은 결코 '초과인출'이 현실에 존재 내지 실존한다고 말하는 것이 아닙니다.

**19**  일부 과학자는 설계에 기초한 논증의 가치를 여전히 인식하더라도 "우주가 시작되기 위해 어떤 창조자가 있어야 한다는 필요"를 느끼지 않는다고 말할 것입니다. A. H. Compton, *The Religion of a Scientist*, p. 11. 달리 말하면, 그들은 두 문제가 정확하게 같은 것임을 인정하지 않습니다. 그들에게 설계는 그 '실존'에 설명이 요구되는 사실로 보입니다. 그렇다면 왜 양자, 전자, 중성자, 광자는 그 실존에 설명이 요구되는 사실로 여겨져서는 안 됩니까? 어떤

한 원인은 절대적이므로 자족적입니다. 최고 원인이 창조를 한다면, 그 창조 활동은 자유로워야 합니다. 최고 원인은 존재만이 아니라 질서도 창조합니다. 따라서 적어도 최고 원인은 우리의 경험 속에 알려진 질서의 유일한 원리, 즉 사유를 탁월하게 담고 있는 것이어야 합니다. 그 절대적이고, 자립적이고, 지적인 원인은 그것이 아니라 그입니다. 요약하자면, 제1원인은 그 안에서 자연과 역사 모두의 원인이 만나는 일자, 즉 철학의 신이며, 이는 종교의 신일 수도 있습니다.[20]

의미에서 이러한 요소들의 실존은 그들의 합성체의 실존보다 덜 신비로운가요? 많은 과학자가 이러한 두 번째 질문을 던지는 데까지 나아가지 못하게 막는 것은 이번에는 그들이 그 문제의 비과학적 특성을 모를 수 없기 때문입니다. 하지만 두 문제의 본성은 같습니다. 만약 유기체들의 '실존' 원인이 그들의 물리화학적 요소들의 본성 밖에 놓여 있다면, 그것은 물리적 질서를 초월합니다. 따라서 그것은 초물리적(transphysical)입니다. 즉 그 자체로 형이상학적(metaphysical)입니다. 달리 말하면, 그 요소들 안에 설계를 설명하기 위한 것이 아무것도 없다면, 요소들의 혼돈 속에 설계가 현존한다 것은 그 요소들의 실존 자체만큼이나 필연적으로 창조를 필요로 합니다.

20　많은 과학자가 과학에서 철학으로 그리고 철학에서 종교로 나아가면서도, 자신들이 어떠한 경계선을 건넌다는 것을 인지하지 못하는 것으로 보입니다. A. H. 콤프턴(A. H. Compton) 박사는 그러한 과학자 중 흥미로운 사례입니다. "신(神) 가설"은 증명될 수 없음에도 불구하고 과학자들이 참이라고 잠정적으로 받아들이는 많은 "작업가설" 중 하나입니다. 따라서 "신에 대한 신앙은 우리의 믿음이 맞다는 것을 규명할 수 없을지라도 철저하게 과학적인 자세일지 모른다"라는 결론이 나옵니다. *The Religion of a Scientist*, p. 18. 이것은 안타까운 언어의 혼동입니다. 에너지 보존의 원리와 진화의 개념이 가설이라는 것은 사실입니다. 하지만 그것들은 '과학적인' 가설입니다. 우리가 그 가설들을 받아들이거나 거절하느냐에 따라, 관찰 가능한 사실들에 관한 우리들의 과학적인 해석이 달라지기 때문입니다. 반면 신의 실존 혹은 비실존은 그것을

여기서 한 발자국 더 나가다가는 일부 불가지론자와 짝을 맞추어 비슷한 실수를 하게 될 것입니다. 너무나 많은 형이상학자가 철학과 종교를 구분하는 것에 실패했습니다. 이들의 실패는 자연신학이 유사형이상학적 과학의 침해만큼이나 해롭다는 것을 증명했습니다. 형이상학은 형이상학의 신을 순수 실존 **활동**으로 상정했지만, 신의 본질에 관해서는 우리에게 어떤 개념도 제공하지 않습니다. 우리는 신이 있다는 것을 알지만, 신을 파악한 것은 아닙니다. 생각이 단순했던 형이상학자들은 본의 아니게 불가지론자들로 하여금 자연신학의 신이 볼테르의 "시계 제작공" 혹은 천박한 변증론자들의 "목수"라고 믿게 했습니다. 하지만, 무엇보다 어떠한 시계도 시계 제작공에 의해 만들어진 적이 없습니다. "시계 제작공" 같은 것이란 존재하지도 않습니다. 시계는 시계 만드는 법을 아는 사람이 만든 것입니다. 비슷하게 신을 존재하는 것의 최고 원인으로 상정하는 것은, 그가 '있는 나'이기 때문에 창조할 수 있는 자라는 점을 안다는 것입니다. 하

거부하느냐 혹은 긍정하느냐가 세계에 대한 우리의 과학적 해석의 구조에 어떠한 변화도 일으키지 않는 것입니다. 신의 실존 여부는 과학의 내용과 완전히 별개입니다. 예를 들면, 세계 안에 설계가 있다고 가정한다면, 신의 실존은 세계 안에 설계가 있음에 관한 **과학적** 설명으로 상정될 수 없습니다. 그것은 **형이상학적** 설명입니다. 결론적으로 신은 **과학적 개연성**이 아니라 **형이상학적 필연성**으로 상정되어야 합니다.

지만 이것은 어떤 목공예품이 그 제작자에 대해 알려 주는 것보다 절대적 실존이 무엇인지에 대해 더 적게 알려 줍니다. 우리는 인간이기에 신을 오직 신인동형론적 기반에서만 이야기할 수 있습니다. 그렇다고 해서 신을 신인동형론적 신으로 상정해야만 하는 것은 아닙니다. 성 토마스 아퀴나스는 다음과 같이 말합니다.

> 있다 to be 라는 동사는 두 가지 다른 방식으로 사용될 수 있습니다. 첫 번째로는 실존 활동 the act of existing, *actu essendi* 을 나타내고, 두 번째로는 영혼이 주어와 술어를 결합함으로써 만들어 낸 명제들의 구성을 의미합니다. '있다'를 첫째 방식으로 쓰면, 우리는 신의 본질을 모르는 것만큼 신의 '있음' the "to be" of God, *esse Dei* 도 알지 못합니다. 우리는 그것을 오직 둘째 방식으로만 압니다. 신이 있다고 말할 때, 신에 관하여 형성하는 명제가 참 명제라는 것을 우리가 알고, 또한 우리가 이것을 그의 영향들로부터 알기 때문입니다.[21]

만약 자연신학의 신이 이러하다면, 참 형이상학은 어떤 개념으로 마무리되지 않습니다. 그 개념이 사유이든, 선이든, 일자이든, 실체이든 말이죠. 심지어 참 형이상학은 어떤 본질

---

21    성 토마스 아퀴나스, 『신학대전』 I부 8문 4절 해답 2.

로 마무리되지도 않습니다. 그 본질이 **존재** 자체라도 말이죠. 참 형이상학의 마지막 단어는 *ens*가 아니라 *esse*입니다. 즉 존재자<sup>being</sup>가 아니라 존재함<sup>is</sup>입니다. 참 형이상학의 궁극적 노력은 어떤 활동<sup>an act</sup>을 통해 **활동**<sup>an Act</sup>을 상정하는 것, 즉 본질 자체가 존재함이기에 인간의 이해를 넘는 최고의 실존 **활동**을 판단하는 활동입니다. 어떤 사람의 형이상학이 막바지에 이르는 곳에서 그의 종교가 시작됩니다. 하지만 참 종교가 시작하는 지점으로 그를 이끄는 유일한 길은 필연적으로 그를 본질들에 대한 관조를 넘어 실존의 신비로 이끌어야만 합니다. 이 길은 찾기 매우 어려운 것은 아니지만, 소수만이 그 길의 끝까지 감히 나가려 합니다. 과학의 이해 가능한 아름다움에 매혹되어, 많은 사람이 형이상학과 종교에 대한 미각을 모두 잊어버렸습니다. 최고 원인에 대한 관조에 몰두한 다른 소수의 사람은 형이상학과 종교가 궁극적으로 만나야 한다는 것을 깨닫기 시작했지만, 그 방법과 장소는 알지 못합니다. 그래서 그들은 철학에서 종교를 분리하거나, 철학을 위해 종교를 버립니다. 그렇지 않으면 파스칼처럼 종교를 위해 철학을 버립니다. 진리를 지키고 오롯하게 유지하면 안 될 이유가 있습니까? 그렇게 할 수 있습니다. 하지만 철학자의 신인 그가 곧 아브라함과 이삭과 야곱의 신인 '있는 나'임을 깨닫는 사람만이 그것을 할 수 있습니다.

# 역자 후기

『철학자들의 신: 역사적 개관』은 프랑스 출신의 철학자 에티엔 질송Étienne Henri Gilson, 1884-1978의 *God and Philosophy* 개정판을 완역한 것입니다. 이 책은 1941년도에 예일대학교 출판사에서 첫선을 보인 이후 철학서로서 높은 평가와 고급 교양서로서 큰 사랑을 받았습니다. 그러다 빼어난 교회사가 야로슬라프 펠리칸Jaroslav Jan Pelikan, 1923-2006의 서문을 포함한 개정판이 2002년도에 같은 출판사에서 출간되었습니다. 질송을 몹시 존경하고 따랐던 만큼 펠리칸은 선배 학자의 생애와 작품에 대해 간결하면서도 매력적으로 소개하고 있습니다.

　『철학자들의 신』은 질송이 1939-40년 미국 인디애나 대학교에서 했던 맬론 파월 철학 강연Mahlon Powell Lectures on Philosophy

의 강의안을 수정하여 출간한 작품입니다. 이 책은 고대 그리스 이후 서양철학사에서 내려오는 신의 문제를 다루고 있습니다. 비슷한 주제를 다루는 다른 책과 비교할 때 이 작은 책의 가장 큰 장점이라면 질송이 철학의 역사를 전체적으로 조망하면서 신에 대한 물음이 가지고 있는 형이상학의 문제를 풀어낸다는 점입니다.

역자는 학부 때부터 신학과 철학을 함께 공부하였지만, 몇 년 전 질송의 『철학자들의 신』을 접하고 나서야 신 개념에 얽힌 철학적·신학적 문제의 실체가 무엇인지 깨닫기 시작했습니다. 질송이 말하고자 하는 바를 온전히 다 이해하지는 못했지만, 이 책 덕분에 파편화되어 있던 여러 생각이 머릿속에서 질서를 잡게 되었습니다. 『철학자들의 신』을 접한 이후 저는 철학과 신학에서 신의 문제를 이전과 똑같이 대하지 못하게 되었습니다.

원서로 읽고 대충 안다고 생각했던 책을 우리말로 옮기려니 어려움이 많았습니다. 무엇보다 대가의 사유를 저의 언어로 표현하려니, 책에 담긴 광활하면서도 정교한 사고를 잘못 전달할까 봐 걱정이 컸습니다. 여러 선생님께서 우리말로 철학을 하는 모범을 미리 보여 주신 덕분에, 번역어들을 비교하며 작업할 수 있었습니다. 어찌 옮길 줄 몰라 막막할 때마다 김규영 교수님께서 *God and Philosophy* 초판을 번역하신 『철학과 신』<sup>대조사, 1965; 성바오로출판사, 1966</sup>을 참고할 수 있었던 것은 얼마나 큰 다행인지 모릅니다. 하지만, 『철학자들의 신』에 여전히 오역이나 잘못된 표현이 있다면, 그것은 오로지 역자의 부족함에서 나온 것입니다.

이 번역서는 많은 분의 호의와 도움이 있었기에 출판될 수 있었습니다. 먼저 대중적이지 않은 철학서를 출간해 주신 도서출판 100의 김지호 대표님께 감사드립니다. 또한, 이 작은 연구물이 나올 때까지 오랫동안 기다리시며 격려와 지원을 아끼지 않으신 조태민·김경희 선생님께도 고마운 마음을 전해드리고 싶습니다. 끝으로, 횃불트리니티신학대학원대학교의 2023년도 교내 연구비 지원 덕분에 이 책의 번역을 마무리할 수 있었음에 감사하게 생각합니다.

# 찾아보기